브루너

교육의 과정

브루너 교육의 과정

초판 인쇄   1973년 03월 10일
개정판 발행 2017년 11월 01일

엮은이 이홍우
펴낸이 김한진
펴낸곳 배영사

등 록 제2017-000003호
주 소 경기도 고양시 일산서구 구산동 1-1
전 화 031-924-0479
팩 스 031-921-0442
이메일 baeyoungsa3467@naver.com

ISBN 979-11-960665-4-3 (93370)
잘못 만들어진 책은 바꾸어 드립니다.

정가 9,000원

브루너
교육의 과정

Jerome S. Bruner 저
이홍우 역

배영사

역자의 머리말

　고전이란 사람들이 누구나 읽지는 않고 읽은 것처럼 생각하는 책이라는 말이 있다. 그럴듯한 말이다. 왜냐하면, 고전이란 사람들이 미처 읽을 시간을 가지기도 전에 벌써 사람들의 입에 오르내리기 시작하는 책이기 때문이다. 브루너의 『교육의 과정』도 이 점에서 확실히 고전으로 분류될 수 있을 것이다. 그러나 『교육의 과정』과 10년 후 그것에 관한 브루너 자신의 〈재음미〉를 번역하고 나서 머리말을 쓰는 지금, 나는 이 책이 아직은 다른 고전과 같은 비운(悲運)에 빠질 수 없다는 확신을 가지고 있다. 요컨대 우리는 이 책을 읽은 것처럼 생각하기에 앞서 실제로 읽어야 할 것이다.

이 책에 관하여 사람들의 입에 오르내리는 소문이 여러 가지가 있겠지만, 그 중의 한 가지는 우선 〈어렵다〉는 소문일 것이다. 만약 이 소문이 사실이라면, 그것은 주로 두 가지 이유에서일 것이다. 하나는 이 책을 한데 모아서 요약 하였다는 사실이다. 방대할 수밖에 없는 내용이 때로 하나의 문단(文段)이나 심지어 문장(文章) 하나에 요약되어 있다는 점이다. 게다가 아마 보다 중요한 이유가 되겠지만, 이 책은 문자 그대로 교육의 과정에 관한 〈논리적 시(詩)〉로 되어 있다. 시(詩)와 논리가 한꺼번에 녹아 있는 책을 이해하려면 독자는 시적 상상(想像)과 논리적 추리력을 동시에 동원해야 할 것이다.

그렇기는 해도, 이 책이 표현하고자 하는 아이디어는 고등학교를 졸업한 정도의 독해력을 가진 사람이라면 누구나 이해할 수 있도록 서술되었다. 독해력이란 본질상 한 문단의 아이디어와 문단 사이의 연결을 파악하는 능력이다. 원래는 책을 전체적으로 〈해석(解釋)〉해 볼까도 생각하였으나, 어설프게 〈해석〉하기보다는 원문을 되도록 충실하게 옮겨 놓기로 작정한 것은 원문의 치밀한 논리적 〈구조(構造)〉가 파괴될까 두려웠기 때문이다. 다만 편집상의 관례(慣例)를 어기면서 문단 사이에 행간을 둔 것은 오직 독자의 독해력을 돕기 위함이다.

원문(原文)을 되도록 자연스러운 우리말로 옮겨 놓은 것 이외에, 역자로서 나는 세 가지 일을 하였다.

첫째로, 나는 본문의 이해에 필요하다고 생각하는 경우에 내가 아는 대로 역주(譯註)를 달았다. 때로 이것을 본문에 풀어 넣고 싶은 유혹을 억제한 것은 그것이 필경 본문의 흐름에 방해가 될 것이기 때문이었다.

둘째로, 첫머리 〈해설〉은 『교육의 과정』에 관한 나 자신의 견해를 자유롭게 쓴 글이다. 자유는 언제나 불안을 수반한다. 바라건대, 독자는 본문을 읽은 다음에 다시 한 번 〈해설〉을 읽고 나의 견해를 평가(平價)해 주었으면 한다. 브루너 자신의 머리말을 빼고, 그 대신 그 중 중요한 대목을 〈해설〉에 인용한 것은 독자의 자유를 너무 남용한 것인지도 모르겠다.

그리고 마지막으로, 브루너의 책이 나온 지 10여 년 후에 번역하는 한 가지 이점(利點)으로서, 브루너 자신의 〈재음미(再吟味)〉를 덧붙일 수 있었다. 게다가 금상첨화(錦上添花)로 〈재음미〉하는 내용을 책 본문의 내용과 관련지을 수 있어서 더욱 기뻤다. 앞으로 교육과정의 동향에 관하여 장기적인 전망을 가지고 싶은 독자는 이 〈재음미〉를 세밀히 정독하기 바란다.

브루너 자신이 서슴지 않고 공언한 바와 같이, 『교육의 과정』은 세계적으로 〈절찬을 받은〉 책이다. 아마 〈절찬을 받아 마땅한〉 책일 것이다. 이 책의 가치를 미리 인식하고 나에게 번역을 종용하신 배영사 사장님과 독자들에게 송구스러운 마음 한량없다.

이 홍 우

차례

역자의 머리말 ················· 5

해 설 ···················· 11

교육의 과정 ················· 37

　제1장 서론 ················ 39

　제2장 구조의 중요성 ············ 69

　제3장 학습의 준비성 ············ 97

　제4장 직관적 사고와 분석적 사고 ······ 133

　제5장 학습동기 ·············· 157

　제6장 교구 ················ 177

　제7장 <교육의 과정>의 재음미(再吟味) ····· 201

해설(解說)

I

여기는 미국 일리노이 주(州)의 어느 초등학교 교실이다. 이 교실에는 한 서른 명 남짓한 학생들이 앉아 있다. 수업이 시작되자 교사는 짤막한 무성영화(無聲映畫)를 학생들에게 보여준다. 그 영화에는 다음과 같은 장면이 클로즈 업 되어 나타나고 있다. 놋쇠로 된 동그란 고리와 그 고리 속을 겨우 빠져 나가는 놋쇠 공이 있다. 공을 불에 달군다. 고리를 옆으로 하여 불에 달군 공을 구멍에 올려놓는다. 아까와는 달리 공이 빠져 나가지 않는다. 얼마가 지나자 공이 다시 빠져 나간다. 여기서 영화는 끝난다.

교사는 서른 명 남짓한 학생들 중에서 열 명 정도를 가려 앞자리에 앉히고 수업을 시작한다. 나머지 학생들은 이 열 명과 교사의 수업을 지켜보고 있다. 수업은 대략 다음과 같이 진행된다.

학생 : 공과 고리의 온도는 원래 방안 온도와 같았나요?

교사 : 그렇다.

학생 : 원래 공은 고리를 빠져 나갈 수 있었나요?

교사 : 그렇다.

학생 : 공을 불에다 달군 뒤에는 공이 빠져 나갈 수 없었나요?

교사 : 그렇다.

학생 : 만약 공을 달구지 않고 고리를 달구었다면 결과가 같았을까요?

교사 : 아니다.

학생 : 공과 고리를 모두 달구었다면 공은 빠져 나갈 수 있었을까요?

교사 : 모른다.

학생 : 만약 공과 고리를 〈같은 온도로〉 달구었다면 공은 빠져 나갈 수 있었을까요?

교사 : 그렇다.

학생 : 공의 크기는 달구기 전이나 달군 뒤에나 같았을까요?

교사 : 아니다.

학생 : 만약 공과 고리를 놋쇠가 아닌 다른 쇠붙이로 만들었을

경우에도 실험의 결과가 같았을까요?

교사 : 그렇다.…

마치 학생과 교사의 〈스무고개〉와도 같다. 사실상, 바로 〈스무고개〉라고 볼 이유가 있는 것이다. 우선, 질문은 반드시 학생이 하고 거기에 대하여 교사는 〈그렇다〉 〈아니다〉 〈모른다〉는 대답만 하게 되어 있다. 그 이외의 다른 대답을 요구하는 질문이 나오면, 교사는 대답을 하지 않고 질문을 다시 하도록 한다. 질문은 성격상 두 가지이다. 하나는 아까 영화에서 본 것을 확인하는 질문이요, 또 하나는 어째서 그런 현상이 일어나는가를 〈설명〉하는 질문이다.

우리는 모두 물리를 공부한 사람들이므로, 이 수업에서 학생들이 배워야 할 것이 무엇인가를 알고 있다. 그렇다, 물체는 열을 받으면 부피가 늘어난다는 아주 쉬운 물리적 법칙이다. 그러나 이 수업에서 중요한 것은 이 물리적 법칙을 학생들에게 〈가르쳐주는〉 것이 아니라, 이 법칙에 도달하는 데 필요한 조그만 단계들을 밟아 학생들이 스스로 이 법칙을 〈발견〉하게 하는 것이다. 그러므로 교사의 판단에 비추어 아직 그 단계를 충분히 거치지 않은 때에,

어떤 학생이 불쑥 "그것은 열과 무슨 관계가 있는 것이 아닌가요?" 또는 심지어 "공이 열을 받아 〈팽창〉된 것이 아닌가요?"라고 질문하면, 교사는 당연히 대답을 회피해야 하는 것이다. 이리하여 그 법칙에 관계하는 모든 근거를 샅샅이 밟은 뒤에 마침내 그 법칙이 〈발견〉되면, 옆에서 보고 있던 나머지 학생들은 이때까지의 〈스무고개〉에 관하여 종합평가를 한다.

이 〈스무고개〉 수업은 실상은 리챠드 수크만을 중심으로 한 일리노이대학 연구팀의 〈탐구훈련〉(Inquiry Training)의 한 장면이다. 수크만의 말에 의하면 이 훈련의 목적은 학생들로 하여금 스스로 어떤 물리 현상을 설명하는 가설을 설정하고, 그 가설(假說)을 〈체계적으로〉 검증(檢證)하며, 그 결과를 해석하는 방법을 터득하게 하는 것이다. (여기서 〈체계적으로〉라는 말은, 그 현상을 혹시 설명할지도 모르는 여러 가지 대안적(代案的)인 가설들을 〈모두 샅샅이〉 생각해 내어 점검한다는 뜻을 내포(內包)하고 있다.) 한마디로 말하여 탐구훈련(探究訓練)의 목적은 학생들에게 〈독립적으로, 체계적으로 실증적(實證的)으로, 귀납적(歸納的)으로〉과학적인 문제를 해결하는 방법을 가르치기 위한 것이다.

II

위의 에피소드는 『교육의 과정』이 태어난 배경의 한 가지를 보여주고 있다. 미국에서 특히 중등학교 수준의 과학 및 수학 교육을 새로운 각도에서 접근하려는 노력은 실상은 옛날부터 시작되었다. 물리교육연구회(PSSC) 구성의 계기를 만든 MIT공과대학의 제롤드 자카리아스(Jerrold Zacharias)는 동료 교수에게 보낸 회람에 이렇게 썼다.

중등학교 물리 교육을 개선하는 노력으로서, 나는 다음과 같은 제안을 하고 싶다. 즉, 물리를 가르치기 위한 단편 영화을 많이 만들고 거기에 맞게 교과서·문제집·문답 카드 등을 만들자는 것이다. 그러나 이런 세부적인 작업을 하기에 앞서, 먼저 교과 자체를 들여다볼 필요가 있다. 물리 교육의 성패는 거의 전적으로 실험에 관계되는 일체의 장비를 완벽하게 갖추는 가 아닌가에 달려 있다. 이것은 마치 하이 파이 음악과도 같다. 축음기 이외에도 훌륭한 작곡가의 곡(曲)과 그 곡을 연주하는 연주가가 필요하다. 너무 시끄럽지 않은 좋은 방이 있어야 하고 사람들이 그 곡을 듣고 싶어 해야 한다. 그러나 이것은 곡이 어떤가에 달려 있다.

자카리아스의 제안은 즉시 수락되어, 일류급의 과학

자 · 기술자 · 교육전문가들로 PSSC가 구성되었다. 이 위원회는 즉시 다음과 같은 원칙에 따라 PSSC 물리 과정의 제작에 착수하였다. 즉, ① 과정(課程)은 지적(知的) 도전감(挑戰感)이 있을 것 ② 과정은 〈현대 물리학의 구조〉를 반영할 것 ③ 과정은 학습자의 능동적인 탐구와 발견을 강조할 것, 그리고 ④ 과정에는 학습자료, 특히 일류의 교과서가 부수(附隨)될 것 등이다.

PSSC의 뒤를 이어 수학과 생물 · 화학 등 다른 과학 분야에도 같은 종류의 교육과정 개발사업이 벌어졌다. 학교수학연구단(SMSG), 생물교육과정 연구회(BSCS), 그리고 다소 늦게 화학의 CHEM Study와 CBA 등이 그것이다. 브루너가 그의 서문에서 말하고 있는 바와 같이 이미 지도적인 물리학자 · 수학자 · 생물학자 · 화학자들에 의하여 교육과정 설계를 위한 노력이 시작되었고 이와 비슷한 사업이 다른 분야의 과학에도 전개될 기세가 있었다.

미국 전체에 걸쳐 무엇인가 새로운 것이 꿈틀거리고 있었다. 그리고 여름에 미국을 일주해 본 사람은 다음과 같은 것을 목격할 수 있었을 것이다. 즉, 롤로라도 주(州) 보울더 시(市)에는 유명한 수학자들이 모여 초등학교 · 중학교 · 고등학교용 새 교과서를 쓰고 있었다. 캔서스 시티에

서는 한무리의 우수한 생물학자들이 고등학교 1 학년용
으로, 세포(細胞)의 구조와 광합성의 원리 등에 관한 영화
를 만들기에 바빴다. 일리노이 주(州) 어버나 시(市)에서는
초등학교 학생들에게 수학의 기본개념을 가르치는 연구
를 한다고 소란을 피우고 있고, 팔로 알토 시(市)에서는 수
학자가 초등학교 저학년 아동에게 기하(幾何)를 가르치는
학습자료를 시험하고 있었다. 매사추세츠 주(州) 캠브리지
시(市)에서는 고등학교 학생들을 위한 「이상적(理想的)」 물
리과정을 만드는 일이 진행중이어서 교과서 편집가와 영
화제작자는 물론, 세계적으로 이름난 이론물리학(理論物理
學)과 실험물리학(實驗物理學)의 대가들이 바쁘게 일하고 있
었다. 전국을 통하여 여러 센터에서 이 새로운 물리과정
을 이미 가르쳐 본 교사들이 다른 교사들을 훈련하고 있
었다. 보울더 시(市)에서는 중학교 생물과정에 관한 기초
연구가 진행 중이고 오레곤 주(州) 포틀란드 시(市)에서는
화학자들이 화학분야에서 이와 비슷한 일을 하고 있었다.
여러 학문 단체들은 그 분야의 학자들과 학교 교육자들이
접촉할 수 있는 방안을 강구하러 나섰고, 또 실지로 강구
하였다. 이에 발맞추어, 교육학자와 심리학자들도 교육과
정과 가르치는 방법의 성격을 새롭게 조사하기 시작하였

고 보다 참신한 접근방법을 모색할 용의가 점점 더 확고해졌다. 이 사태를 전면적으로 평가할 시기가 무르익은 것이다.

이리하여 우즈 호울이라는 곳에 약 35명의 과학자·학자·교육자들이 모여 열흘 동안 미국의 초등학교와 중학교 과학교육의 개선방안을 논의하였다. 말하자면 이 회의는 〈과학의 교육과정과 가르치는 방법에 있어서의 새로운 진보와 그것에 대한 새로운 관심이 바야흐로 전개되고 있다는 확신과, 앞으로의 발전을 방향 짓기 위하여 이 진보와 관심을 전면적으로 평가할 필요가 있다는 확신에서 추진된 것이다.〉

결국 이 우즈 호울 회의는 당시, 미국 전체에 태동하고 있던 과학 교육과정의 개혁에 직접 관여하고 있거나 관심을 가진 사람들이 모여 그 교육과정의 기초가 되는 원리를 찾으려고 했던 노력이다. 『교육의 과정』은 이 우즈 호울 회의의 종합 보고서이며, 따라서 진정한 의미에서의 〈교육과정의 원리〉라고 볼 수 있다. 그리고 이 교육과정의 〈원리〉는 그 당시 교육과정의 〈실제(實際)〉에서 결정되어 나온 것이며, 단순히 교육과정 전문가들에 의한 탁상의 논의가 아니다. 이것이 『교육의 과정』의 계기를 고찰한 뒤에, 우리가 발견하게 되는 한 가지 중요한 시사점(示唆點)이다.

III

『교육의 과정』을 일관하는 가장 중요한 개념(概念)이 〈구조(構造)〉(Structure)라는 것은 오늘날 교육학의 상식처럼 되어 있다.(별로 신기할 것도 없는 언어상(言語上)의 기교를 부린다면, 『교육의 과정』의 구조는 〈구조〉라고 할 수 있다.) 그렇기 때문에 『교육의 과정』이 대표하고 있는 교육과정의 사조(思潮)를 흔히 〈구조중심〉 또는 〈학문중심〉 교육과정이라고 한다. 이 사조는, 각각의 학문분야는 그 학문의 독특한 기본구조를 가지고 있다는 것을 전제로 하여, 교육과정은 이러한 학문의 기본구조를 중심으로 조직되어야 한다고 주장한다. 즉, 오늘날 널리 인용되고 있는 브루너 자신의 말과 같이, "한 교과의 교육과정은 그 교과의 구조를 나타내는 일반적인 원리를 가장 깊이 이해하고 있는 사람들에 의하여 결정되어야 한다"는 것이다.

그러면 구조(構造)란 무엇인가? 상식적인 용어로서의 구조는 한 사물을 얽어매고 있는 요소 내지 그 요소가 얽혀 있는 모양을 뜻한다. 우리가 〈집의 구조〉라고 하는 것은 집에 방이 몇 개나 되며 방·부엌·목욕탕·화장실 등이 어디에 놓여 있는가 하는 것을 말한다. 〈분자(分子)의 구조〉라는 말도 마찬가지로, 분자를 이루고 있는 원자(原子)의 수(數), 원자 상호간의 위치, 결합의 강약 등을 뜻한다.

쉽게 말하자면, 이런 상식적인 의미가 학문의 구조라는 말에도 적용될 수 있을 것이다. 예컨대 물리학의 경우에도, 〈집〉이나 〈분자〉의 경우에서와 같이, 그 학문을 이루고 있는 요소들이 있을 것이며, 이 요소들이 서로 얽혀 있는 형태가 있을 것이다. 이것이 바로 〈물리학의 구조〉이며, 물리학이 물리학인 것은 바로 그 구조가 예컨대 화학의 그것과 다르기 때문이다.(PSSC에서 〈구조〉라는 말을 처음 썼을 때, 그 말을 보다 상식적인 용어로 풀이하기 위하여 〈물리학의 구조 느낌—feel〉이라고 한 것은 이 점에서 퍽 시사적(示唆的)이다.)

『교육의 과정』에서 브루너는 구조라는 말을 생물학과 수학과 언어에 비추어 예시(例示)하고, 구조가 학문, 또는 지적(知的) 활동 전반에 어떤 역할을 하고 있는가를 고찰함으로써 그 말의 뜻을 더욱 부연하고자 노력하였다. 이 책에서 브루너는 구조를 〈학문의 기저(基底)를 이루고 있는 일반적 원리〉, 〈일반적 아이디어〉, 〈기본개념〉, 〈일반적 원리〉 등 여러 가지 말로 대용하고 있다.

이하 해설의 편의상, 브루너가 본 대로 지적 활동에 있어서의 구조의 역할을 제시할 필요가 있다. 브루너에 의하면 구조의 이점(利點)은, ① 이해(理解) ② 기억(記憶) ③ 전이(轉移) ④ 〈고등(高等)〉 지식(知識)과 〈초보(初步)〉 지식의 연속성에 기초가 된다는 것이다 브루너는 이 이로운 점을 다음과 같이 요약하고 있다.

해당 학문 분야의 폭넓은 기본구조와 관련을 맺지 않은 특수한 사실이나 기술을 가르치는 것은 몇 가지 근본적인 의미에서 비경제적이다. 첫째로, 그런 방식으로 가르치면 학생들은 이미 학습한 것을 앞으로 당면할 사태에 적용하기가 아주 어려울 것이다. 둘째로, 일반적인 원리를 파악하는 데까지 미치지 못하는 학습은 지적인 기쁨과 즐거움이라는 관점에서 볼 때, 아무것도 주는 바가 없다. 교과에 대한 흥미를 일으키는 가장 좋은 방법은 학생들로 하여금 그것이 알 가치(價値)가 있는 것임을 느끼도록 하는 것이며, 이것은 다시 학습에서 얻은 지식을 학습 사태 이외의 다른 사태에서도 써먹을 수 있도록 할 때 가능하다. 셋째로, 학습에서 얻은 지식을 서로 얽어매는 구조(構造)가 없을 때 그 지식은 쉽게 잊어버려

진다. 서로 단절된 일련의 사실들은 그 기억수명(記憶壽命)이 가련하리만큼 짧다. 원리(原理)나 개념(槪念)에서 다시 특수한 사실들은 추리해 내는 것만이 인간 기억의 급속한 마모율(磨耗率)을 감소시키는, 현재까지 알려진 유일한 방법이다.

자, 이것이 구조 이다 ! 위와 같이 〈해설(解說)〉하고, 『교육의 과정』에 제시된 브루너의 설명을 읽으라고 한 뒤에 "자, 이것이 구조이다"라고 하면 사람들은 모두 행복해질 것인가? 만약 〈구조〉에 관한 시험답안을 써야 할 사람이라면 그럴 것이다. 그러나 교육의 사태는 교육에 〈관한〉 시험답안을 쓰는 사태와는 많이 다르다고 할 수 있다. 어떤 교과에서 구조를 뽑아내어 학생들에게 실제로 가르쳐야 하는 입장에 있는 사람들은 아직까지도 "구조(構造)란 무엇인가?"하고 물을 것이다. 이 물음은 구조에 관하여 아직 몇 가지 명백하지 않은 점들이 있기 때문에 생긴다고 본다. 그것은 얼핏 세 가지로 요약할 수 있다.

첫째로, 아마 가장 초보적인 질문으로서, 학교에서 가르치는 모든 교과(또는 그 교과가 대표하는 모든 학문)에서 구조를 뽑아낼 수 있는가 하는 질문이 제기된다. 브루너는 물론 그럴 수 있다고 말할 것이다. 그러나 가장 쉬운 예로 문학이나 예술에서 구조를 뽑아내려고 애쓴 사람이면 누구든지 이런 교과에서 구조를 뽑아낸다는 것이 도대체 가능한 일인가, 아니면 적어도, 브루너가 주로 다룬 과학이나 수학의 경우처럼 그렇게 〈명확한〉 구조를 뽑아 낼 수 있을 것인가 하는 의문을 가졌을 것이다. 이 의문은 다소간 그 자체로서도 추구되어야 하겠지만, 다소간은 아래 두 질문과의 관련해서 추구되어야 할 것이다.

둘째로, 구조의 일반성 수준에 관한 문제가 있다. 앞에서도 말한 바와 같이 브루너는 구조를 〈기본개념〉 내지 〈일반적 원리〉라는 말과 동의어로 쓰고 있다. 개념이든지 원리든지 간에 거기에는 〈일반적〉(general)이라는 말이 내포(內包)되어 있으며 이 〈일반적〉이라는 말은 상대적(相對的)인 말이다. 한 개념이나 원리(예, 차량(車輛))는 어떤 개념이나 원리(예, 버스)보다는 일반적이지만, 동시에 그 자체가 어떤 다른 개념이나 원리(예, 교통기관)의 특수한 사례가 된다―즉, 덜 일반적이다(물론, 이 말은 〈가장 일반적〉인 개념이나 원리가 있다는 가능성을 도외시하는 것은 아니다.) 그리하여 일반적 수준이라는 관점에서 볼 때, 개념이나 원리는 버스―차량―교통기관이라는 단계를 형성하는 것으로 볼 수 있다 구조라는 것이 이 단계 중의 어느 특정한 수준을 지목

(指目)하는 것인가, 아니면 모든 수준을 통틀어 말하는 것인가, 그것도 아니면 그 위계조직 자체를 말하는 것인가? 브루너의 논의에서는 이 논리적 문제의 힌트를 찾을 수가 없다. 이 문제가 분명히 밝혀졌던들, 적어도 수학이나 과학 이외의 다른 과목에서 구조를 뽑아내는 일이 다소간 쉬워질 것이다.

구조에 관한 문제로서는 아마 셋째 것이 가장 중요한 문제라고 생각된다. 그것은 구조를 〈정적(靜的)인〉 것으로 볼 것인가, 아니면 〈동적(動的)〉인 것으로 볼 것인가 하는 문제이다. 정적인 것으로 파악했을 때, 구조는 완결된 개념과 원리 그 자체를 가리킨다. 오늘날 사람들은 대체로 이 관점에서 구조를 파악하고 있는 것 같다. 그러나 구조는 우리가 그것을 발견하고 활용하는 과정에서 동적인 측면도 지니고 있다. 브루너의 설명에는 이 두 가지 측면이 문맥(文脈) 속에 함축되어 있다고는 볼 수 있으나, 명확히 구별된 것으로 제시되어 있지는 않으며, 따라서 구조란 그 두 가지 측면 중의 어느 한 가지, 또는 모두를 가리키는 것인가 하는 문제는 아예 제기될 여지도 없다.

이 문제의 성격을 좀더 규명하기 위하여 브루너 자신이 제기한 〈향성(向性)〉의 보기를 들어보자. 정적인 관점에서 보면 〈향성〉이라는 개념은 명백하게 생물과의 〈구조〉이다. 그러나 이 〈향성〉의 개념은 그것이 발견되고 활용되는 과정에서 동적인 측면을 가지고 있다. 즉, 자벌레의 운동이라는 한 특수한 현상에서 〈향성〉이라는 일반적인 개념이 도출(導出)되며, 이렇게 도출된 일반적 개념은 다시 거꾸로 메뚜기떼의 이동이나 어떤 곤충의 번식행동, 또는 식물의 성장 방향 등 생물계의 다른 특수한 현상들을 〈설명〉하는 데 적용된다. 그러므로 동적인 측면에서 구조를 파악한다는 것은 곧 한 현상에 관하여 〈사고하는 것〉또는 보다 특수하게 〈일반화와 특수화를 하는 것〉을 의미한다. 이렇게 볼 때, 브루너가 말한 구조의 이점 중 적어도 이해·전이(轉移)·기억의 세 가지는 오직 〈일반화와 특수화〉라는 말로 표괄될 수 있다.

이 논의를 한 발자국만 더 발전시키면, 결국 구조중심 교육과정이란 〈사고과정〉을 교육과정의 핵심적인 요소로 하여야 한다는 주장이라고 해석할 수 있지 않을까? 여기에 구조중심 교육과정의 성격과 의의가 있는 것이 아닐까? 그리고, 그 성격과 의의(意義)가 여기에 있다고 하면 구조중심 교육과정은 과연 그토록 새로운 주장이며 그토록 특이한 주장인가?

문제는, 사고과정을 교육과정과 관련하여 어떻게 체계화하며 그 체계에 맞게 어떻게 학습내용을 선정, 조직, 제시할 것인가에 있지 않을까?

　교육과정에서 사고가 중요하다는 것은 우리 모두가 다 알고 있고 절실히 느끼고 있는 것이다. 사고과정에 주의를 기울이지 않을 때, 우리는 불가피하게 다음과 같은, 다소 과장되기는 했어도 단순히 웃어 넘길 수만은 없는, 결과를 당하게 될 것이다.

　즉, 수학 응용문제의 〈정답〉을 용케 찾아내는 학생에게 그 〈비결〉을 물었더니, 대답 하기를, "문제를 보면 빤히 알 수 있다. 숫자가 두 개 있을 때는 뺀다. 숫자가 많을 때는 더한다. 숫자가 두 개 있어서, 하나가 크고 하나가 작으면 약간 따져봐야 한다. 나누기를 해서 딱 떨어지면 나누고 그렇지 않으면 곱한다" 이런 교육은 바보나 정신병자나 요령꾼 중의 한 가지 또는 그 이상의 〈조합〉을 만들 수는 있으나 교육받은 사람은 우연적으로밖에 만들 수 없을 것이다.

IV

앞에서 『교육의 과정』을 일관하는 핵심개념은 〈구조(構造)〉라고 한 이상, 이 책에서 언급된 내용과 구조와의 관련을 잠깐 살펴보겠다(이것은 적어도 이 책의 내용을 이해, 기억, 전이하는 데 도움이 될 것이다). 브루너는 구조에 관련된 『교육의 과정』의 측면으로서 학습의 준비성, 직관적 사고와 분석적 사고, 학습동기, 교구(校具)의 네 가지 측면을 논의하고 있다.

학습의 준비성과 관련하여, 브루너는 준비성에 관한 종래의 기계적 통념을 부정하고 "어떤 교과든지 지적으로 올바른 형식으로 표현하면 어떤 발달단계에 있는 어떤 아동에게도 효과적으로 가르칠 수 있다"는 가설을 제시한다. 브루너는 이 가설(假說)의 이론적 근거를 삐아제의 지적 발달이론에서 찾고 있다. 즉, 아동은 발달단계에 따라 각각 특이한 방법으로 삼라만상을 지각한다는 것이며 여기서 지적 발달단계는 곧 사물이나 현상의 구조를 파악하는 상이(相異)한 방식으로 나타내는 것에 불과하다는 것이다. 그리하여 이 가설에 비추어 보면, 학습의 준비성이라는 것은 각각의 발달단계에 특이한 지각방식에 맞게 학습내용의 구조를 〈표현〉하는 문제로 된다. 『교육의 과정』이

후 브루너는 삐아제의 세 발달단계에 맞는 구조의 세 가지 표현형식을 〈작동적(作動的) 표현〉 〈영상적(映像的) 표현〉 〈상징적(象徵的) 표현〉이라고 이름 붙였다.

물론 학습의 준비성에 관한 이러한 견해는 구조중심 또는 학문중심 교육과정의 기본가정(假定)이 되는 한 가지 〈핵심적 확신〉을 전제로 성립한다. 브루너의 말을 빌리면,

그 핵심적 확신이란 곧 〈지식의 최전선에서 새로운 지식을 만들어 내는 학자들이 하는 것이거나 초등학교 3학년 학생이 하는 것이거나를 막론하고 모든 지적 활동은 근본적으로 동일하다〉는 것이다. 과학자가 자기 책상이나 실험실에서 하는 일, 문학 평론가가 시(詩)를 읽으면서 하는 일은 누구든지 이와 비슷한 활동, 다시 말하면 모종의 이해에 도달하려는 활동을 할 때 그 사람이 하는 일과 본질상 다름이 없다. 이런 활동들에서 차이는 하는 일의 종류에 있는 것이 아니라 지적 활동의 수준에 있는 것이다. 물리학을 배우는 학생은 다름 아니라 바로 〈물리학자〉이며, 물리학을 배우는 데는 다른 무엇보다도 물리학자들이 하는 일과 똑같은 일을 하는 것이 훨씬 쉬운 방법일 것이다. 물리학자들이 하는 일과 똑같은 일을 한다는 것은 곧 물리학자들이 하듯이 물리 현상을 탐구한다는 뜻이다.

직관적(直觀的) 사고(思考)와 분석적(分析的) 사고에 관한 브루너의 논의는 아주 요약하기 힘들다. 직관적 사고가 교육의 과정에 대단히 중요한 것이라는 것은 상식적으로도 명백하지만, 이 방면에 관해서는 아무런 체계적인 지식이 없으며 심지어 직관적 사고가 어떤 것인지도 분명하지 않다. 다만 우리는 이 문제를 다룬 부분(제4장)을 읽으면서, 직관적 사고에는 여러 가지 단계가 있다는 것과, 교육적으로 가치 있는 직관은 소위 〈주먹구구〉와는 다른 것임을 유의해야 할 것이다. 이런 조건을 붙인다면, 우리는 구조가 직관적 사고에 중요한 기초를 이룬다는 브루너의 견해를 받아들일 수 있을 것이다.

구조와 학습의 동기(動機)와는 어떻게 관련되는가? 여기서 브루너는 지성보다는 실제성(實際性)을 강조하는 미국의 문화적 풍토를 비판하고 있다. 즉, 미국의 문화적 풍토에서는 지적인 활동이 주로 눈에 보이고 손에 잡히는 생활의 편의(便宜)를 가져오는 경우에 한하여 그 가치를 인정받는다는 것이다. 브루너의 말을 빌리면,

우리는 행동이 바로 사고를 잘하는 증거라고 생각하는 나라에서 살아 왔으며, 아마 서구 열강의 어느 나라 사람들보다도 더, 이론(사고)과 실제(행동) 사이의 간극(間隙)

을 심각한 것으로 생각하였다. 만약 우리가 사고하는 사람들을 숭배한 적이 도대체 있었다고 하면 그것은 아이슈타인의 경우와 같이 비경의 마법사를 찬양하는 경우이거나 ("아인슈타인은 불가사의의 인물이지만 역시 똑똑하기는 한 모양이야!") 아니면 실제적인 업적을 칭찬하는 경우였다. 토마스 에디슨은 미국 사람들이 생각하는 과학자상—즉, 기술공으로서의 과학자—의 대표적인 보기이다. 여기에 비하여 작가·시인·이론가·현자(賢者) 등은 미국 사람들의 입에 오르내리는 전설적인 인물이 되지 못하였다.

이것은 분명히 역사적 근원을 가지고 있는 것이며, 당연히 학생들이 공부하는 동기에도 영향을 준다. 여기서 브루너는 지식의 구조를 강조한 결과가 소위 〈지적인 희열(喜悅)〉 또는 〈발견의 희열〉을 학생들에게 심어 주고 그 결과가 궁극적으로는 실제성(實際性) 일변도(一邊倒)의 문화를 극복하는 데 기여하리라는 대담한 전망을 보여주고 있다. 만약 미국의 모든 문화가 브루너의 전망에 충실할 수가 있다면 미국은 그 인력과 재력으로 세계지성의 주도권을 잡을 수 있을 것이다. 그러나 과연 그럴 수 있을까?

마지막으로 교구(敎具)와 구조와의 관련은 단도직입적이다. 즉, 〈교구 자체가 그 목적을 결정하지 않는다〉는 것이다. 교구는 학습내용의 구조를 제시하는 목적으로 사용될 때 그 가치를 가진다. 그러기 위해서는 교구에 어떤 조건이 구비되어야 하며, 특히 그 자신 일종의 〈교구〉로서 다른 교구들을 사용하는 교사가 어떤 사람인가가 중요한 요건이 된다. 교사는 단순히 〈지식의 전달자〉에 그칠 수 있다면 얼마나 다행스러울 것이며 교육의 문제 또한, 얼마나 단순해질 것인가? 그러나 〈불행하게도〉 교사는 지식의 전달자임과 동시에 〈학문의 모범〉이요, 〈동일시 모형〉이다.

V

마지막으로, 『교육의 과정』이 대표하는 구조중심 교육과정에서는 우리는 어떤 교육목표를 추출할 수 있는가를 생각해 보자. 이 책에서 브루너는 가장 일반적인 교육목표를 〈월(越)〉(excellence)의 함양으로 볼 수 있다고 하고, 그것을 만약 구체화하여, 〈각 개인으로 하여금 최고의 지적 발달 수준에 도달하도록 도와주는 것〉이라고 하고 있다. 참으로 이것은 너무 일반적인 목표여서, 과연 교육현실을 이끌어나갈 힘이 있을지 의문이다.

오히려 우리가 추출하고자 하는 교육목표는 브루너의 다음과 같은 예리한 발언(發言)에서 그 힌트를 찾아볼 수 있다. 즉, "우리는 (예컨대) 초등학교 교과의 선정기준으로서 그 교과는 가장 완벽한 수준으로 발전했을 때를 가상하여, 어른이 알아야 하는 것인가, 또는 아이 때에 그것을 배우면 보다 훌륭한 어른이 될 수 있는가 하는 질문을 제기할 수 있을 것이다. 이 두 가지 질문에 대한 대답이 애매하거나 부정적이면, 그 교과는 교육과정을 어지럽히는 소음(騷音)에 불과하다"라는 말이다. 어른이 그것을 알아야 하는가의 여부, 보다 훌륭한 어른이 무엇인가를 판단하는 기준이 바로 우리가 추출하고자 하는 교육목표이다. 그 기준이 무엇인가 하는 데 대한 직접적인 대답은 『교육의 과정』에서는 찾아볼 수 없고, 오히려 그 10년 후 〈재음미(再吟味)〉에서 다음과 같은 말을 찾아볼 수 있다.

『교육의 과정』 당시 하버드 대학의 동료교수들이 당면하고 있던 큰 문제점은 현대 물리학과 수학이 학교 교육과정에 반영되어 있지 않다는 것과, 그럼에도 불구하고 현대 과학을 이해한다는 것은 여러 가지 사회적 의사결정을 내리는 데 기본적인 조건이 된다는 것이었다. 사회 안에서 생활하는 사람들로 하여금 일상생활에서 내리는 의사결정에 대하여 반드시 올바른 근거를 가지게 되도록 모종의 조치를 취하지 않으면 안 되었다. 이 조치란 먼저 과학을 가르치는 것이고 그 다음에 다른 교과를 가르치는 것이었다. 사람들로 하여금 일상생활의 의사결정에서 근거를 가질 수 있도록 하는 데는 과학과 다른 교과들을 가르치면 된다는 이 생각은 참으로 단순하고도 순진한 생각이었다. 가장 나쁘게 말하여, 이 초기의 생각은 지나친 합리주의의 오류(誤謬)를 범하고 있었다.

그렇다! 브루너 등이 원래 마음속에 가지고 있던 교육목표─그것은 또한, 구조중심 교육과정이 함축하고 있는 교육목표라고 볼 수 있다─는 명백히 체계화된 탐구방법과 증거방식을 가진 교과를 가르침으로써(지적 및) 도덕적 판단(의사결정)에 〈반드시 올바른 근거를 제시하는〉능력과 태도를 기르며, 궁극적으로 이상적인 개방사회를 실현하고자 하는 것이었다. 이 이상으로 중요한 교육목표가 또 있을 것인가? 이것은 근본적으로 인간의 지성에 대한 절대적인 확신이며, 탐구과정을 통한 지성의 해방이 인간에게 이상향(理想鄕)을 약속해 줄 수 있다는 불요불굴의 확신이다. 이 점에서 이들 〈구조주의자〉들의 교육사상은 가장 깊은 곳에서 반세기전 존 듀이의 교육사상을 재천명(再闡明)하고 있다. 흔히 "존 듀이가 가고 브루너가 왔다"고 하는 말은 아마 엄청난 속단일 것이다.

그러나 이런 생각을 한 지 10년 후 브루너는, 비록 〈가장 나쁘게 말하여〉라는 단서를 붙이기는 했으나 그 당시의 생각을 〈지나친 합리주의의 오류〉라고 단정하고 있다. 그 10년 동안 브루너가 본 미국 사회는 그런 〈단순하고 순진한〉 낙관론을 도저히 용납하지 않았던 것일까? 미국의 대외적 전쟁개입, 빈곤과 인종차별로 점철(點綴)된 국내현실, 게다가 교육이 그 빈곤과 인종차별을 〈영속화(永續化)〉하는 수단이 되고 있다는 사실을 브루너로 하여금 탐구과정을 통한 지성(知性)의 해방보다는 학교제도와, 넓게는 사회제도의 개혁에서 더 직접적인 해결책을 찾도록 한 것일까?

한 사람의 지도적 사상가가 10년을 간격으로 그전의 생각을 근본적으로 반성하는 것은 그 자체로서 존경받을 만한 일이다. 그러나 또 한편, 우리는 이 반성의 시기가 적절하였으며 그 방향이 타당하였는가 하는 문제를 제기하지 않을 수 없다. 그리하여, 사회문제가 시급하고 심각하다는 사실이 지적 탐구과정의 가치를 감소시키는 커녕, 오히려 증가시킨다고 볼 수는 없는가? 또한, 인간 지성의 해방 이외의 다른 방법으로 사회문제를 해결한다는 것은 〈실제적〉으로 불가능하다고 볼 수는 없는가?

교육목표 이야기와 직접적인 관계는 없지만, 『교육의 과정』과 그 〈재음미〉의 해설은 이 두 문헌을 기점으로 하여 앞으로 세계 교육과정의 동향을 전망하지 않고는 완벽하다 할 수 없을 것이다. 그 동향은 〈구조〉〈잠재적 교육과정〉〈도덕교육〉의 세 가지 캐치프레이즈로 요약할 수 있을 것이다.

첫째, 앞으로 적어도 얼마 동안은 구조중심의 교육과정 이론이 중요한 영향력을 가지게 될 것이다. 한편으로, 더욱 많은 교과에서 구조를 밝히려는 노력과 학습자료를 개발하려는 노력이 계속될 것이다. 그리고 또 한편으로, 이 교육과정 이론은 철학 · 심리학 · 사회학 등 인간을 다루는 다른 학문분야와 더욱 긴밀하게 관련지으면서 그 사상의 폭을 넓혀갈 것이다. 확실히 『교육의 과정』에는 〈안다〉는 말과 거의 비슷한 빈도로 〈모른다〉는 말이 자주 나온다. 이 책의 문단이나 장(章)은 거의 후렴처럼 "앞으로 연구할 필요가 있다" 또는 심지어 "연구문제를 확인할 필요가 있다"는 말로 끝난다. 앞으로 사실상 이런 연구문제가 확인되고 연구가 수행되어야 할 것이다.

둘째, 단순히 학교 안에서 학교의 제도나 풍속 때문에 배우게 되는 교육과정이라는 좁은 뜻에서 뿐만 아니라, 보다 넓게 사회의 제도나 풍속 때문에 배우게 되는 교육과정이라는 뜻에서의 잠재적 교육과정에 관한 관심이 증대할 것이다. 이것은 브루너의 〈재음미〉에서 충분히 강조된 문제 영역이다. 보다 특수한 문제 영역으로서, 사회내에 빈곤과 〈문화실조(文化失調)〉가 그 영향을 받은 다음 세대에 어떻게 영속화(永續化) 되는가 하는 문제를 들 수 있다. 브루너의 말에 의하면 "어떤 사람이 하나의 성인으로서 또는 부모로서 응당 가져야 할 사회적 기반을 가지지 못하고 〈국외자(局外者)〉로 떨어져 나가 있을 때, 그 사람의 자녀는 즉시 희망을 상실하게 된다. 이런 아동은 두 살이나 세 살 때부터 벌써 이 〈희망의 상실〉에 관하여 남몰래 곰곰이 생각하기 시작한다". 만약 이것이 사실이라고 하면, 그것은 어떤 기제(機制)를 통하여 그렇게 되는가?

셋째, 브루너의 〈재음미〉에서 간접적으로만 시사하는 것이지만, 오늘날 세계적으로 이미 나타나기 시작한 동향으로서 도덕교육의 강조를 들 수 있다. 브루너의 〈소명(召命)〉 또는 생활태도에 관한 논의가 간접적으로 이것과 관련된다고 볼 수 있다. 도덕교육은 적어도 근래까지는 잠재적 교육과정의 한 부분으로 간주되어 왔으나, 이제는 그야말로 학생들에게 〈올바른 근거에 기초를 둔 사회적 의사결정〉을 할 수 있도록 체계적으로 지도해야 할 만큼 세상이 복잡해진 것이 아닌가 생각된다.

　이것이 앞으로 우리 모두가 해야 할 일이다. 분명히 역설이겠지만, 오늘날처럼 교육의 문제가 태산같은 시대에 살고 있다는 것은, 교육을 담당하고 있는 사람은 물론 그것에 관심을 가진 시민으로서 기뻐해야 할 일인지도 모른다.

교육(敎育)의
과정(過程)

제1장
서론(序論)

서론(序論)

시대는 각각 독특한 형태의 꿈을 안고 있으며 이 꿈이 그 당시 교육의 모양을 결정한다. 오늘날 우리 시대의 특징이라고 할 만한 것은 무엇인가? 그것은 질적으로 우수한 교육, 지적 성취를 위한 교육에 대한 관심이 넓게 새로이 고조되고 있다는 것이다. 그러나 그와 동시에 전부터 중요시되어 온 교육의 이상(理想), 즉 민주사회의 원만한 시민을 길러야 한다는 이상을 저버리는 것은 아니다. 말하자면, 오늘날 미국 교육에서는 상당히 많은 사람들이 최근까지만 해도 극소수의 전문가들만이 관심을 가졌던 질문에 관심을 가지게 되었다. 그 질문은 바로 〈학생들에게 무엇을 가르치며 무슨 목적으로 그것을 가르칠 것인가?〉

하는 질문이다. 이 새로운 시대 정신은 아마 현대의 모든 생활영역에 깊이 스며 있는 과학혁명을 반영하는 것이기도 하다.

교육에 관한 이 새로운 관심이 나타난 곳은 여러 곳이지만, 그 중에서도 특히 초·중등학교 교육과정 계획에 두드러지게 나타났다. 이 방면에 몇 가지 괄목할 만한 발전이 근래 이루어지고 있다. 대학의 과학자와 교수들이 일찍이 유례를 볼 수 없을 정도로 광범위하게 교육과정 구성에 참여하고 있다. 이들은 각각의 학문분야에서 첨단을 걷는 이름난 대가들이다. 이들은 과학이나 다른 학문의 가장 새로운 지식을 토대로 하면서, 동시에 학교교육의 성격에 대한 혁신적인 생각을 가지고 초·중등학교의 교수요목(敎授要目)을 작성해 왔다. 이렇게 구성된 교육과정 중에서 가장 잘 조직된 것은 물리교육 연구회(PSSC : Physical Science Study Committee)에서 준비한 고등학교용 물리 교과일 것이다. 이 교과에 쓰일 교과서·실험실습 문제집·영화, 그리고 특별한 교사용 지침서가 마련되었고 교사를 위한 훈련과정도 준비되었다. 고등학교 학생들이 이 PSSC 물리를 배우고 있으며 그 효과가 현재 조사되는 도중이다. 수학에 있어서도 이와 비슷한 것으로 학교수학 연구단(SMSG : School Mathematics Study Group), 수학교육 위원회 (Commission on Mathematics), 일리노이 주(洲) 학교 수학 연구회(Illinois Committee on School Mathematics)와 그 밖의 다른 연구회에서 만든 교육과정이 있다. 생물 교육과정 연구회 (BSCS : Biological Science Curriculum Study)는 고등학교 생물 교과를 작성하고 있으며 이와 비슷한 성격의 교육과정 계획이 화학과와 기타 다른 분야에서도 진행되고 있다.

이러한 사업이 달성하고자 하는 주요 목표는 교과를 효과적으로 제시하고자 하는 것이다. 교과를 효과적으로 제시한다는 말은 곧 그 교과의 범위뿐만 아니라 교과가 나타내고 있는 구조도 충분히 고려하여 교과를 제시한다는 뜻이다. 이 사업은 각 분야의 기발한 상상력을 과감하게 동원하였고 그 초창기인 현재까지 괄목할 만한 성과를 거두었으며, 이로 말미암아 학습 내지 지식의 전달에 관심을 둔 심리학자들이 이러한 종류의 사업에 깊은 관심을 가지게 되었다. 우즈 호울 회의의 성격과 절차에 관해서는 〈해설〉에서 언급하였거니와 이 회의는 그러한 관심이 한 가지 표현으로 볼 수 있을 것이다. 물리학자·생물학자·수학자·역사가·교육학자 및 심리학자들이 한자리에 모여 교육의 문제를 새로운 각도에서 고찰하고자 했던 것이다. 그 회의를 통하여, 학습의 과정이란 무엇이며 그것은 교육에 어떤 관련을 가지고 있는가, 최근의 새로운 교육과정 운동은 우리가 종래 학습이나 교수라고 생각해 오던 것에 어떤 새로운 의문을 불러 일으키는가 하는 문제가 논의되었다. 특히 최근의 교육과정이 우리에게 불러 일으키는 의문은 다음과 같은 것들이다. 즉, 무엇을 언제 어떻게 가르칠 것인가? 교육과정 구성을 위한 노력을 촉진하려면 어떤 종류의 연구를 할 필요가 있는가? 수학이건 역사이건 간에 한 교과의 구조를 강조한다는 것은 무슨 뜻이며 어떤 점에서 중요한가? 학생들에게 어떤 특정한 학습의 기본적인 아이디어를 될 수 있는 대로 빨리 전달하도록 교과를 구조화한다는 것은 무엇을 의미 하는가 ?

현재의 교육과정 개혁운동이 교육 사조 전반에 비추어 얼마나 중요한 의의를 가지고 있는가 하는 것은 다음과 같은 점을 생각해 보면 더 분명히 알 수 있다. 과거 반 세기 동안 미국에서는 아주 높은 수준의 학문을 연구 발전시키기 위하여 대학원 교육이 크게 일어났다. 그로 말미암아 일류급의 과학자와 교수들은 초·중등학교 교육은 물론, 사실상 대학의 초급 코오스에도 자기가 전공하는 과목을 가르치는 방법을 제시하는 일에 점점 소홀하게 되었다.

학문의 첨단을 걷는 사람들과 학교 학생들 사이의 접촉은 거의 전무한 상태였다(미국의 경우에는 밀리칸(Millikan)과 같은 유명한 과학자나 비어드(Beard)나 코매거(Commager)와 같은 일류급 역사가 등 소수의 학자들이 고등학교 교과서를 썼을 뿐이다). 대개의 경우에 학문의 첨단을 걷는 학자들은, 각 분야의 교육 내용을 상당히 재조직하는 데 가장 중요한 공헌을 할 수 있었음에도 불구하고, 초·중등학교 교육과정 계획에 참여하지 않았다. 따라서 학교의 교육 내용은 흔히 그때그때 새롭게 발견되는 지식에 비하여 낡고 부정확한 지식을 다루게 되었고 학교 교육은 훌륭한 학자들, 지혜 있고 노련한 교사들, 그리고 교수(敎授)와 학습 및 그와 관련된 여러 분야에서 훈련을 쌓은 사람들의 협동적인 노력에서 응분의 혜택을 입지 못하게 되었다. 그러나, 근래 교육과정 운동을 통하여 이 경향이 시정되는 것 같다. 이 운동은 결국 미국의 가장 뛰어난 학자들이 각각 자기 분야의 학교 교육 내용을 계획하는 일에, 교과서를 마련하고 실험실습을 실지로 보여 주는 일에, 또 영화와 텔레비전 프로그램을 제작하는 일에 새롭게 참여함으로써 이룩된 사업이다.

마찬가지로 지난 반 세기 동안 미국의 심리학은 학교 현장에서 일어나고 있는 실지 그대로의 학습을 연구해 오던 종래의 관심을 다른 곳으로 돌려 왔다. 학습심리학은 자연 상태의 학습을 다루는 것이 아니라 고도로 단순화된 순간적인 학습 현상을 아주 자세하게 기술하는 데 더 관심을 쏟았고 그 결과로서 학습이 나타내는 장기간의 교육 효과는 별로 다룰 수 없게 되었다. 교육심리학자들 역시 적성과 학업성적의 연구나, 가정의 사회경제적 조건에 따라 학습동기가 어떻게 달라지는가 하는 문제로 관심을 돌려 큰 성과는 거두었지만, 학급에서의 학습활동이 가지고 있는 지적 구조를 직접 다루지는 않았다.

심리학자들이 교육과정 문제를 소홀히 다루어 온 데는 그 밖에도 여러 가지 이유가 있다. 미국의 교육철학이 늘 바뀌어 왔다는 것도 그 한 가지 이유가 된다. 미국 교육의 목표는 언제나 이원적(二元的)인 성격을 띤 것으로서, 벤자민 프랭클린이 말한 바 〈실용적인 것〉과 〈장식적인 것〉 사이의 균형을 유지하려고 늘 애써 왔다. 18 세기 중엽에 벤자민 프랭클린이 말한것을 보면, "학생들이 실용적인 것 전부와 장식적인 것 전부를 다 배울 수 있다면 얼마나 다행한 일이랴. 그러나 배워야 할 것은 많고 배울 시간은 짧다. 그러므로 학생들은 가장 실용적일 듯한 것과 가장 장식적일 듯한 것을 배워야 할 것이다". 프랭클린의 말이

45

나 그 뒤 미국 교육목표에 나타난 바, 그 실용적인 것은 두 가지를 뜻하는 것이었다. 하나는 특수한 종류의 기술이요, 또 하나는 생활의 문제를 더 잘 처리해 나가는 데 필요한 〈일반적 이해〉이다. 기술은 직업을 가지고 있는 사람에게 직접적인 관심거리였다. 1750년대에 이미 벤자민 프랭클린은 앞으로 상업을 할 사람에게 프랑스어와 독일어와 스페인어를 가르쳐야 한다고 주장했고, 학생들에게 농업을 가르치고 농장견학 등 실제적인 활동을 곁들여야 한다고 주장했다. 여기에 비하여 일반적 이해는 역사에 관한 지식에다가 수학과 논리 공부나 주위 자연계의 세밀한 관찰에서 생기는 지적(知的) 도야(陶冶)를 통하여 달성될 수 있는 것이었다. 요컨대 일반적 이해를 위해서는 지적으로 잘 도야(陶冶)되고 지적 내용을 풍부히 갖추는 것이 필요하였다.

미국의 중등교육은 현재까지 그 두 가지 실용성 사이의 균형을 유지하려고 해 왔다. 또 그러는 동안 대개는 장식적인 면도 고려해 왔다. 그러나 중등 교육을 받는 인구가 비율적으로 증가하고 또한, 학교 인구 전체가 비율적으로 증가함에 따라 실용적인 기술과 학문적인 이해 사이의 균형을 유지하는 일이 훨씬 어렵게 되었다. 최근 코난

트(Conant)박사의 종합고등학교안은 본질상 이 균형문제를 다룬 것이다. 옛날부터 교육의 가장 기본적인 가정(假定)이었다. 즉, 정신기능이라는 것은, 마치 육체의 근육이 단련될 수 있는 것과 마찬가지로, 단련될 수 있는 것이며, 일단 단련되면 여러 가지 구체적인 지적 문제를 잘 해결할 수 있다고 하는 생각이다. 또한, 정신기능을 단련하는 방법은 전통적으로 권위있는 학문, 즉 고전어와 역사, 수학과 과학 등을 열심히 공부하는 것이라고 생각되었다.

한 가지 흥미 있는 현상은 20 세기에 접어들면서부터 학습과정에 관한 심리학의 관점이 일반적 이해를 강조하는 것에서 특수한 기술을 강조하는 것으로 점차 달라져 왔다는 것이다. 〈전이(轉移)〉의 연구 다시 말하면 어떤 주어진 학습과제를 통달한 결과가 다른 학습 활동에 도움이 되는가 하는 것을 알아보는 연구가 이 점을 여실히 보여주고 있다. 그 점의 연구가 주로 형식도야의 전이 문제─즉, 분석·판단·기억 등등의 〈능력〉을 훈련하면 어떤 결과가 나타나는가─를 강조하였던 것에 비하여 이 당시의 연구는 주로 동일요소(同一要素)나 특수한 기술의 전이(轉移) 현상을 탐구하는 데 더 강조를 두었다.

그 결과로서 20 세기 초기의 40 여 년 동안 미국의 심리학자들 사이에 학생들이 복잡한 지식에 포함되어 있는 구조나 그 의의를 어떻게 파악하는가 하는 것을 연구한 경우는 거의 없다. 학습과 전이의 본질에 관한 지난 20여 년 동안의 연구 결과는 거의 모두가 그 전 40여 년 동안 교육심리학이 그릇된 면을 강조해 왔다는 것을 보여 주고 있다. 즉, 원래의 형식도야 이론은 학습의 결과가 분석·판단 등등 몇 가지 따로따로 분리된 〈능력〉을 훈련시키는 것으로 보았다는 점에서 이론상 결함이 있기는 하지만, 사실상 잘 학습하면 굉장한 전이효과가 생긴다는 것은 어김없는 사실이며, 심지어 알맞은 조건하에서 잘 학습하면 〈학습하는 방법을 학습할〉(learning how to learn) 수도 있다는 것이다. 이러한 연구 결과로 말미암아 학교에서 벌어지는 것과 같은 복잡한 학습, 교과의 구조에 관한 일반적 이해를 위한 학습에 새로운 학문적 관심이 유발되었다. 그리하여 결과적으로 학습의 과정에 관심을 둔 심리학자들 사이에 교육과정 문제에 관한 관심이 재연된 것이다.

이때까지 몇 번 교과의 〈구조(構造)〉라는 말을 썼지만 앞으로도 이 말은 자주 쓸 경우가 있기 때문에 교과의 〈구조〉라는 말이 무슨 뜻인가를 좀더 자세하게 설명할 필요가 있다. 생물학과 수학과 언어의 학습에서 각각 한 가지씩, 세 가지 간단한 보기를 들어보면 구조라는 말을 더 잘 이해할 수 있을 것이다. 먼저 판대기 위에 깔아 놓은 그래프 용지 위를 기어가는 자벌레의 경우를 생각해 보자. 판대기를 기울여 경사각이 위로 30도 되도록 한다. 그러면 자벌레는 직선으로 기어가는 것이 아니라 직선과 45도의 각을 이루며 옆으로 기어간다. 판대기를 60도 기울이면 자벌레는 직선에서 몇 도 옆으로 기어갈까? 예컨대, 자벌레가 직선에서 75도 옆으로 기어간다고 하자. 이 두 가지 측정치에서 우리는 자벌레가 위로 기어 올라가는 〈향성(向性)〉이 있으며, 만약 위로 기어 올라가야 한다면 지면(地面)과 15도의 경사를 이루며 기어 올라간다는 것을 추리할 수 있다. 다시 말하면 우리는 생물학에서 말하는 〈향성〉의 원리, 보다 특수하게 〈지향성(地向性)〉의 원리를 발견한 것이다. 이것은 유독 자벌레에서만 적용되는 특수한 사실이 아니다. 여기서 출발하여 우리는 단순한 조직의 유기체(有機體)에는 어느 것이나 이런 〈향성〉현상이 있다는 것을 알게 된다. 향성이란 고정된 본능적 기준을 따르는 운동의 조절을 뜻하며, 보다 구체적으로 말하면 하등생물은 일정한 정도의 광도(光度)·염분도(鹽分度)·온도(溫度) 등등을 좋아하여 이런 것이 있는 쪽으로 나아가는 경향이 있다는 것이다. 외적인 자극과 생물체의 운동 사이에 있는 이 기본적인 관계를 일단 파악하고 나면, 학생은 그 밖의 많은 현상들을 다루기가 훨씬 쉬워진다.

이러한 현상들은 당장 겉으로 보기에는 새로운 사실 같지만 실상은 이미 알고 있는 사실과 아주 밀접하게 관련된 것들이다. 예컨대 메뚜기 떼가 이동할 때 그 진로의 온도 때문에 메뚜기 떼의 밀도(密度)가 조절된다. 산에서 사는 곤충들은 종류에 따라 일정한 양의 산소(酸素)를 선택하여 움직여 다니고 있으며 산의 높이에 따라 산소의 양이 다르므로 곤충의 종류 사이에 교접(交接)이 불가능하게 되고 따라서 종족의 순수성이 유지된다. 이러한 여러 가지 생물학적 현상이 향성(向性)에 비추어 이해된다. 그리하여 교과의 구조를 파악한다는 것은 곧 한 가지 현상을 여러 가지 현상과의 관련에서 이해할 수 있게 된다는 것을 말한다. 요컨대 구조를 학습하는 것은 사물이나 현상이 어떻게 관련되어 있는가를 학습하는 것이다. 이 설명과 관련하여 구조는 정의상(定義上) 〈일반적인 성격〉을 가지고 있다는 점을 강조할 필요가 있다. 구조가 구조인 것은 바로 그것이 일반적인 성격을 가지고 있기 때문이다. 즉, 구조는 특수한 현상을 개별적으로 가리키는 것이 아니라 그런 현상들을 일반적으로 포괄한다. 위의 보기에서 〈향성(向性)〉이라는 구조는 자벌레의 운동이나 메뚜기의 밀도를 개별적으로 가리키는 것이 아니라, 이것과 이 이외의 다른 현상들을 모두 포괄하는 원리이다.

따라서, 우리는 구조가 있을 때 비로소 한 현상을 어떤 원리의 특수한 사례로 인지할 수 있고 여러 현상들 사이의 관련과 질서를 파악할 수 있다. 이것을 우리는 〈원리의 적용〉또는 〈특수화〉라고 부른다. 여기에 비하여 특수한 현상들 사이에서 일반적인 구조를 발견하는 것을 우리는 〈법칙의 발견〉또는 〈일반화〉라고 부른다. 요컨대 구조는 일반화와 특수화를 가능하게 함으로써 세계에 대한 우리의 인지(認知) 활동, 또는 〈이해〉에 도움이 된다.

이보다 훨씬 간단한 것으로 수학과에서 보기를 들어 보자. 대수(代數)는 미지수(未知數)와 기지수(旣知數)를 방정식에 배열하여 미지수를 기지수로 바꾸는 것이다. 이 방정식을 푸는 데는 세 가지 기본 법칙, 즉 교환·분배·결합의 법칙이 있다. 일단 학생이 이 세 가지 기본 법칙에 스며 있는 아이디어를 파악하면 현재 풀려고 하고 있는 〈새로운〉 방정식은 전혀 새로운 방정식이 아니라 자기가 늘 알고 있던 방정식의 한 가지 변용(變容)에 불과하다는 것을 쉽게 알 수 있을 것이다. 이 변용(變容)에 자기가 알고 있던 것을 적용하는 데 중요한 것은 이 법칙의 〈이름〉을 아는 것이 아니라 그 법칙을 〈사용〉할 줄 아는 것이다.

구조는 흔히 부지불식간에 학습되는 수가 있지만, 이 점은 모국어의 학습에 가장 잘 드러나 있다. 어린이는 일단 한 문장의 미묘한 구조를 파악하고 나면 이 구조를 기초로 급속도로 많은 문장을 생성(生成)해 낼 수 있다. 이렇게 생성되는 문장은 내용에 있어서는 처음에 배운 문장과 다르지만 그 구조에 있어서는 동일한 것이다. 뿐만 아니라 문장의 의미를 바꾸지 않고 문장의 형식을 바꾸는 변형의 규칙—예컨대, 〈개가 사람을 물었다〉와 〈사람이 개에게 물렸다〉—를 배우고 나면 문장을 훨씬 여러 가지로 바꿀 수 있다. 어린이들은 나날이 말을 배우는 동안에 이러한 언어의 구조상의 규칙을 올바로 〈사용〉할 줄 알게 되겠지만, 그렇다고 해서 그 어린이들이 반드시 그 규칙의 〈이름〉을 안다고는 할 수 없고 또 알 필요도 없다.

과학자들은 최근에 물리와 수학의 교육과정을 구성할 때 교과의 구조를 가르치는 문제를 가장 염두에 두었다. 아마 이들 교육과정이 초기에 성공을 거둔 것은 바로 교과의 구조를 강조한 데 그 원인이 있다고 볼 수 있을 것이다.

그리고 이 때문에 학습과정을 연구하는 사람들이 이 방면에 새로운 관심을 가지게 되었다. 이 책에서 우리는 이하 내내 교과의 구조를 강조하게 될 것이다.

　교육과정 구성에서 내용의 선정이나 조직과 같은 특수한 문제들을 생각하기에 앞서 몇 가지 일반적인 문제를 먼저 고찰하여야 할 것이다. 아마 그 중에서 가장 중요한 것은 교육목적에 관한 문제일 것이다. 한 특수한 교육 내용의 가치를 따지는 순간, 우리는 이미 교육의 목적을 따지고 있는 것이다. 교육과정은 사회적·문화적 및 정치적 여건의 변화로 말미암아 학교와 학생의 주위와 교육의 목적이 부단히 달라지는 속에서 구성된다. 우리는 미국 사람, 즉 복잡한 세계 안에서 독특한 사고방식과 필요를 가지고 있는 미국 사람을 위한 교육과정을 구상하고자 하는 것이다. 미국 사람은 변화하는 사람들이다. 미국 사람들은 지리적으로 여기저기 쉽게 또 빈번히 옮아 다니며 살기 때문에 초·중등학교 교육과정에 다소간의 획일성이 반드시 필요하다. 그러나 미국 사회와 미국 생활의 전반적인 다양성 때문에 학교 교육과정에 다소간의 다양성도 마찬가지로 필요하다. 교육이 어느 정도로 다양하며 어느 정도로 획일적이어야 하는가에 관계없이, 교육은 또한 생산적이어야 한다. 즉, 오늘날의 교육은 과연 시대가 요청하는 학자·과학자·시인·법률가 등을 배출해 내는가 하는 문제가 제기된다. 뿐만 아니라 학교 교육은, 만약 민주적인 사회의 일원으로서 또 가정의 일원으로서 원만하게 생활하도록 하는 기능을 수행하려고 하면, 아동 개개인의 사회적·정서적 발달에 기여하지 않으면 안된다. 이 책에서는 교육의 지적 측면을 주로 강조하기는 하지만, 그렇다고 해서 교육의 다른 목적이 중요하지 않다는 뜻은 아니다.

아마 가장 일반적인 교육 목표는 〈수월(秀越)〉(excellence)의 함양에 있다고 보아도 좋을 것이다. 이 수월(秀越)이라는 개념은 John W. Gardner가 즐겨 쓰는 것이다. 여기에 대하여 Gardner가 다른 곳에서 말한 바를 인용하면 다음과 같다.

"우리는 사회적으로 가치 있는 모든 분야에 있어서 그 분야가 아무리 미천한 것이라 하더라도 그 분야에서의 수월한 업적을 찬양할 줄 알아야 하고, 그 분야가 아무리 고상한 것이라 하더라도 그 분야에서의 치졸(稚拙)한 업적을 경멸할 줄 알아야 하고, 철학자 중에도 뛰어난 철학자와 무능한 철학자가 있다.

그러나 우리는 이 말이 무슨 뜻인가를 분명히 알아야 한다. 여기서 이 말은 좀더 뛰어난 학생들을 길러 내는 것만이 아니라 각 개인으로 하여금 최고의 지적 발달 수준에 도달하도록 도와주는 것을 의미하기도 한다. 교과의 구조를 충분히 고려하는 훌륭한 수업은 아마 머리 좋은 학생들보다 능력이 모자라는 학생들에게 더 가치가 있을 것이다. 왜냐하면, 졸렬한 수업 때문에 피해를 입는 학생들은 머리가 좋은 학생들이 아니라 능력이 모자라는 학생이기 때문이다. 이 말은 교과의 진도나 내용이 모든 학생들에게 동일해야 한다는 뜻이 아니다.―물론 우즈 호울 회의에 참석했던 한 사람이 말한 대로 "잘 가르치기만 하면 마치 75%의 학생들이 중간 점수(median) 이상을 받는 것과 같은 효과를 낼 수 있다"고 한 말에도 충분히 일리가 있다. 능력이 다른 학생들을 위하여 교육과정 운영상의 어느 지점에, 또 어떤 종류의 차이를 둘 것인가 하는 것은 세밀한 연구를 한 뒤에야 말 할 수 있을 것이다. 그러나 한 가지만은 명백하다. 즉, 만약 모든 학생들이 각자의 지적 역량(力量)을 완벽하게 활용할 수 있게 된다면 우리는 오늘날과 같이 엄청나게 복잡한 기술사회에서 민주주의를 더 잘 유지 발전시킬 수 있으리라는 것이다.

이하의 여러 장에서 이 책은 과학과 수학을 어떻게 하면 가장 잘 가르칠 수 있는가 하는 방향으로 다소 치중되어 있을 것이다. 그러나 이것은 과학 내지 과학교육을 강조해야 한다는 주장을 하기 위한 것이 아니다. 과학 교육의 강조는 어느 면으로 보면 과거 10년간의 역사적 발전에서 나온 우연적 부산물이다. 이 책이 이 분야의 교육과정을 주로 다루게 된 것은 단순히 이때까지 실험적 교육과정이 주로 이 분야에 관한 것이었고 따라서 이 분야의 교육과정 발전을 조사하기가 훨씬 용이하다는 이유에서다. 사회과학이나 인문학이나 언어교육에도 배전(倍前)의 노력이 필요한 것은 말할 나위가 없다. 역사나 문학을 통해서 얻는 비극감 · 승리감은 물리를 통하여 얻는 물질의 구조감에 못지않게 현대인에게 중요한 것이다. 요컨대, 인문학이나 사회과학이나 자연과학은, 만약 후세대의 교육에 제각기 공헌을 하려고 하면, 모두 똑같이 기발한 상상력과 집요한 노력을 필요로 한다.

공립학교에서 상위 1/4 선의 성적을 가진 학생들은 다음 세대의 지적인 리더십을 짊어진 학생들로서, 근래까지 학교 교육이 가장 등한시 다루었던 집단이다. 과학과 수학교육의 방법을 개선하면 그 때문에 이들 과목에 있어서 재능학생과 평균학생과 지진(遲進)학생 사이의 간격이 더 현저해질 가능성이 있다. 현재 상태만 보더라도 이 간격은 여러 가지 어려운 문제를 드러내고 있다. 대개의 경우에 과학과 수학의 적성은 확실히 다른 지적인 재능보다도 조기에 확인할 수 있다. 이상적으로 말하면 학교는 여러 교과에서 학생 개개인으로 하여금 자기 능력이 닿는 한 될 수 있는 대로 빨리 나아가도록 해 주어야 한다. 그러나 이렇게 하는 데 따라오는 행정적인 문제는 현재의 학교 제도나 행정적인 지원으로서 도저히 해결될 수 없다. 아마도 그것을 해결하기 위해서는 수학을 위시한 몇몇 과목에서 학년 제도를 수정 내지 폐지하고 다른 과목의 경우에는 교육 내용을 심화하는 프로그램을 설치할 필요가 있을 것이다. 재능 학생을 위하여 심화 프로그램을 제공한다거나 그 밖에 특별한 방식으로 재능학생들을 취급해야 한다는 주장은 좀더 문화 수준이 높고 돈이 많은 학교에서는 틀림없이 호응을 받을 것이며 따라서 이러한 학교는 현재의 교육방법을 수정하고자 할 것이다. 그러나, 국가 전체로 볼 때, 아동이 우연히 가난한 마을이나 지역에 태어났다고 해서 그 지방의 불리한 조건 때문에 그 아동의 발달이 저해되도록 내버려 둘 수는 도저히 없을 것이다. 이것은 민주주의 교육제도의 한 가지 원리인 교육의 기회균등이란 점에 위배하는 것이다.

이하 이 책의 여러 장들은 네 가지 주제를 다룬다. 첫째 주제에 관해서는 앞에서 이미 언급하였다. 즉, 학습에 있어서 구조는 어떤 역할을 하고 있으며 그것을 교수와 핵심 내용으로 삼으려면 어떻게 할 것인가 하는 것이다. 학습과 교수를 이런 관점에서 계획하게 된 것은 실제적인 이유에서다 우리가 도저히 부정할 수 없는 사실은 학생들이 학습 내용에 접할 기회가 어쩔 수 없이 제한된다는 것이다. 학생들은 무제한의 내용을 무제한의 시간을 들여 배울 수가 없다. 그렇다면 어떻게 하면 이 제한된 접촉을 통하여 나머지 일생 동안 사고하는 데 중요한 것을 배울 수 있도록 하는가 하는 문제가 생긴다. 새로운 교육과정을 준비하고 가르친 사람들의 지배적인 견해에 의하면 이 문제에 대한 대답은 무슨 교과에서든지 학생들에게 그 교과의 기본적 구조를 가르친다는 것이다. 기본적 구조를 안다는 것은 곧 지식을 써먹는데, 다시 말하면 학급 사태 이외에서, 또는 학급 사태에서도 나중에 다른 것을 배울 때 그 지식을 적용하는 데 필요한 최소 필수의 조건을 갖추는 것이다. 단순히 사실과 기술을 습득하는 것과는 달리, 구조를 가르치고 배우는 것은 전이(轉移)라는 고전적 문제의 핵심을 이루고 있는 문제이다. 이런 종류의 학습에 속하는 것은 여러 가지가 있을 것이며, 그 중에는 일단 이해된 내용을 능동적으로 활용할 수 있도록 좋은 습관과 기술을 배우는 것도 포함될 것이다. 어느 경우에나 먼저 학습된 내용이 나중의 학습을 더 쉽게 하려고 하면 먼저의 학습내용과 나중의 학습내용 사이의 관련을 될 수 있는 대로 명백히, 볼 수 있는 전반적인 윤곽을 제시할 필요가 있다.

구조가 중요하다는 것을 인정하면, 이 기본적인 구조를 효과적으로 가르치는 방법이 무엇인가, 구조의 학습을 조장하는 학습 조건을 어떻게 마련하는가 하는 문제를 알아야 한다. 현재 우리는 이 문제에 관하여 아무것도 모르고 있는 실정이다. 이 주제를 다루는 장에서는 대부분 구조의 학습과 교육을 가능하게 하는 방법과, 구조를 강조하는 교육과정을 구성하는데 필요한 연구 분야를 논의할 것이다.

둘째 주제는 학습의 준비성에 관한 주제이다. 지난 10여 년 간의 경험은 오늘날 학교교육이 귀중한 시간을 허비하고 있는지도 모른다는 사실을 우리에게 알려주고 있다. 즉, 학교교육은 여러 중요한 교과가 단순히 너무 어렵다는 근거에서 그 교과를 나중으로 미루고 있다는 것이다. 이 주제를 다루는 장의 첫머리는 어떤 교과든지 그 기초는 적절한 형식만 갖추면 어떤 나이의 아동에게도 가르칠 수 있다는 명제로 시작한다. 이 명제가 처음에는 놀라운 것으로 들릴지 모르지만, 그 의도는 단지 교육과정 계획에서 흔히 간과(看過)하는 중요한 점을 강조하고자 하는 것이다. 즉, 모든 과학과 수학의 핵심을 이루고 있는 기본적인 아이디어나, 인간의 생활과 문학에 형식을 주는 기본적인 주제는 단순하면서도 강력하다는 것이다. 이런 기본적인 아이디어에 통달하고 그 아이디어를 효과적으로 사용할 수 있으려면 학습을 통하여 그 아이디어를 점점 더 복잡한 형식으로 다루어 나가면서 그것에 관한 이해를 계속적으로 깊이 할 필요가 있다. 나이 어린 아동이 그런 기본적인 아이디어를 이해할 수 없는 것은 오직 그것이 방정식이나 복잡한 언어 개념으로 〈형식화〉되어 있기 때문이다. 만약 어린이가 먼저 아이디어를 직관적(直觀的)으로 이해하고 스스로의 힘으로 그것을 실험해 볼 기회를 가지면 충분히 이해할 수 있을 것이다.

과학 · 수학 · 사회생활 · 문학 등의 조기교육은 이러한 교과의 지적 구조를 가장 충실히 반영할 수 있도록 면밀하게 계획되어야 하며 또 동시에 그러한 기본적인 아이디어를 직관적으로 파악하고 그것을 사용하는 데 강조를 두어야 할 것이다. 이 기본적인 아이디어는 교육과정의 전개 과정에서 끊임없이 몇 번이고 되풀이되어 반영되어야 한다. 교육과정은 곧 이 아이디어를 바탕으로 건립되며 그 결과로 학생들은 최종적으로 이 아이디어를 본격적인 형식, 즉 수학의 공식이나 언어의 형식으로 표현하는 방법을 알게 된다. 예컨대 4學年 어린이들은 재미있는 놀이를 하는 동안에 저절로 위상 기하학(位相幾何學)이나 집합론(集合論)의 원리를 터득할 수 있으며, 심지어 놀이를 마음대로 바꾸어 가며 새로운 위상 기하학이나 집합론의 공리(公理)를 만들어 낼 수도 있을 것이다. 마찬가지로 초등학교 4학년 어린이들은 비극이란 어떤 것인가를 깨닫게 되고 신화(神話)가 인간의 숙명을 어떻게 그려내고 있는가를 파악할 수도 있을 것이다. 다만 초등학교 4학년 어린이들은 어른들처럼 그러한 원리나 깨달음을 제대로 갖추어진 언어로 표현하거나 언어의 형식에 담아 그 원리들을 조작할 수 없다. 어린이의 사고를 어른의 사고로 발전시키기 위해서는 같은 내용을 점점 더 높은 수준에서 여러 번 반복해서 제시할 필요가 있을 것이다. 이것이 바로 〈나선형(螺旋形) 교육과정)의 아이디어이다.

여기에 대해서는 아직도 많은 연구가 필요하거니와, 제 3장에서는 나선형 교육과정에 관련된 여러 가지 문제를 고찰하였다.

이 책이 다루고 있는 셋째 주제는 직관의 성격에 관한 것이다(제4장). 직관이란 그럴듯하기는 하나 아직은 확정되지 않은 원리나 지식을 발견하는 방법이다. 직관의 방법으로 발견해 낸 원리나 지식이 타당한가 타당하지 않은가를 최종적으로 확정짓는 것은 분석적(分析的) 사고이며, 직관적 사고는 말하자면 이러한 분석적 사고의 단계를 거치지 않고 원리나 지식을 생각해 내는 사고과정이다. 직관적 사고, 또는 과감한 추측은 학교의 정규 교과에 있어서 뿐만 아니라 일상생활에 있어서도 생산적 사고의 가장 중요한 일면이며, 이것을 어떻게 훈련시킬 것인가 하는 문제는 현재까지 상당히 소홀히 취급되어 왔다. 날카로운 추측, 의미심장한 가설(假說), 잠정적인 결론으로의 과감한 도약(跳躍)—이런 것은 어떤 분야에 있어서든지 사고하는 사람의 가장 중요한 무기다. 우리는 학교교육에서 학생들에게 이 중요한 재질을 갖추도록 할 수 있을 것인가?

이때까지 말한 세 가지 주제는 모두 한 가지 핵심적인

확신에서 풀려 나온 것이다. 그 핵심적 확신이란 곧 〈지식의 최전선에서 새로운 지식을 만들어 내는 학자들이 하는 것이거나 초등 학교 3학년 학생이 하는 것이거나를 막론하고 모든 지적 활동은 근본적으로 동일하다〉는 것이다. 과학자가 자기 책상이나 실험실에서 하는 일, 문학 평론가가 시를 읽으면서 하는 일은 누구든지 비슷한 활동, 다시 말하면 모종의 이해에 도달하려는 활동을 할 때 그 사람이 하는 일과 본질상 다름이 없다. 이런 활동들에서 차이는 하는 일의 종류에 있는 것이 아니라 지적 활동의 수준에 있는 것이다.

물리학을 배우는 학생은 다름 아니라 바로 〈물리학자〉이며, 물리학을 배우는 데는 다른 무엇보다도 물리학자들이 하는 일과 똑같은 일을 한다는 것은 곧 물리학자들이 하듯이 물리 현상을 탐구한다는 뜻이다. 종래의 교육에서는 이 일을 하지 않고 주로 〈다른 무엇〉을 해 왔다. 이 〈다른 무엇〉이란 곧, 예컨대 물리학의 경우라면, 물리학의 탐구 결과로 얻는 여러 가지 결론에 관하여 교실에서 논의하거나 교과서를 읽는 것이다(이것을 우즈 호울 회의에서는 물리학자들의 발견을 학생들에게 전달해 주는 언어라는 뜻에서 중간 언어(middle language)라고 부르게 되었다). 탐구라는 관점에서 볼 때, 오늘날 고등학교 물리 교과는 흔히 전연 물리학의 모습을 갖추고 있지 못하고, 사회생활과는 일상 논의되는 사회와 생활의 문제로부터 유리되어 있으며, 수학 역시 수학의 핵심개념, 즉 서열의 개념과 관련을 맺지 못하고 있다.

이 책이 다루는 넷째 주제는 배우려는 욕망을 어떻게 하면 자극할 수 있는가 하는 문제에 관련된 것이다. 이상적으로 말하면 학습과제 자체에 관한 흥미는 학습하는 데 가장 좋은 자극이며, 여기에 비하여 성적이나 그 다음 사회생활의 경쟁에서 얻는 이득은 이상적인 자극이 못된다. (학습과제 자체에 관한 흥미를 〈내재적(內在的)〉 흥미라고 하면, 성적이나 그 밖의 이득 때문에 가지게 되는 흥미는 〈외재적(外在的)〉 흥미라고 할 수 있다.) 경쟁의 압력을 효과적으로 없앨 수 있다거나 없애도록 노력하는 것이 현명하다고 생각하는 것은 확실히 비현실적인 생각이겠지만, 그렇기는 해도 학습 그 자체에 관한 내재적 흥미를 어떻게 자극할 수 있을까 하는 것은 생각해 볼 가치가 있다. 우즈호울 회의에서는 학교 학습의 분위기를 개선하는 방안에 관하여 많은 논의가 있었다. 그 논의는 사범 교육 학교 시험의 성격, 교육과정의 질 등 여러 가지 주제에 걸쳐 진행되었다. 제 5장에서는 이러한 문제를 다루었다.

우즈 호울 회의에서는 교구(敎具)―즉, 영화·텔레비전·시청각 기재·티칭 머신·기타 교사가 수업에 사용하는 기재나 도구―에 관하여 상당한 논의가 있었으나 이 문제에 관해서는 전혀 의견의 일치를 보지 못했다. 이 회의에 참석했던 사람들은 거의 전부가 수업의 주역은 교구가 아니라 교사라는 데 동의를 했지만 또 한편에는 그 교사를 도와줄 교구가 있어야 하지 않겠는가 하는 의견도 있었다. 아마 이 두 진영 사이의 의견의 차이는 (지나치게 단순화하는 위험이 있지만) 결국 교사 자신과 교사가 사용하는 교구 중에서 어느 것에 더 강조를 둘 것인가 하는 것으로 요약할 수 있을 것이다. 두 가지 극단적인 견해를 다소 과장해서 제시하면 다음과 같다. 즉, 교사는 주어진 교과를 어떻게 제시하는가, 그리고 무슨 도구를 쓸 것인가를 결정하는 유일하고 최종적인 결정권자라는 것과 여기에 반하여 교사는 영화·텔레비전·티칭 머신 등으로 이미 준비된 자료를 자세히 설명하고 해석해 주는 주석자(註釋者)가 되어야 한다는 것이다. 전자(前者)의 극단적인 견해를 따르면, 교사가 잘 가르치기 위해서는 각자 담당하고 있는 과목에 대하여 깊은 지식을 가질 수 있도록 교사를 교육해야 하며 그와 동시에 교수요목(敎授要目)의 요건에 맞도록 코스를 조직할 때 교사가 선택해서 사용할 수 있도록 가장 좋은 자료를 제공해 주어야 한다. 후자(後者)의 극단적인 견해를 따르면, 영화·텔레비전 프로그램·티칭 머신에 사용할 수업 프로그램 등을 준비하는데 굉장한 노력을 기울여야 하며 이런 자료를 현명하게, 또 교과의 성격에 맞게 사용할 수 있도록 교사를 훈련하여야 한다. 이 두 가지 견해 사이의 논쟁은 참으로 격렬한 바가 있으며, 이 문제가 교육철학에 대하여 가지는 관련 또한, 중대하기 때문에 마지막 제6장에서는 이 문제를 취급하였다.

결국 이 책에서 우리는 네 가지 주제와 한 가지 짐작을 집중적으로 다룰 것이다. 네 가지 주제란 구조·준비성·직관·흥미의 주제이며, 한 가지 짐작이란 교사의 수업을 가장 잘 도와주는 방안에 관한 짐작이다.

제2장

구조(構造)의 중요성

구조(構造)의 중요성

어떤 종류의 학습이든지 학습의 첫째 목적은, 그것을 통하여 지적(知的)인 회열(喜悅)을 느낀다는 점도 있겠지만 그보다 더 중요한 것으로서, 그 학습이 장차 우리에게 쓸모가 있어야 한다는 것이다. 학습은 우리를 어디인가로 인도해야 할뿐더러, 우리로 하여금 그 이상 더 먼 곳까지 더 쉽게 갈 수 있도록 해주어야 한다. 우리가 학습을 장차 쓸모 있게 하는 데는 두 가지 길이 있다. 한 가지는 우리가 원래 배운 일과 아주 비슷한 일에 학습의 결과를 그대로 적용하는 길이다. 심리학자들은 이 현상을 가리켜 훈련의 〈특수적 전이〉라고 한다. 보다 상식적인 용어를 쓴다면 아마 습관(習慣) 내지 연상(聯想)의 연장이라고도 할 수 있을 것이다. 특수적 전이의 유용성은 주로 우리가 보통 기술이라고 부르는 분야에 국한되어 있는 것 같다. 예컨대 승용차 운전을 배운 뒤에는 트럭 운전을 배우기가 훨씬 쉬울 것이다. 학교 학습에서도 나중에 학교 또는 학교 이외의 다른 사태에 특수적으로 전이하는 기술을 다소간은 배우게 될 것이다. 학습의 결과가 나중의 일을 보다 효율적으로 하는 또 하나의 길은 편의상 〈일반적 전이〉라고 부를 수 있는 것, 다시 말하면 원리와 태도의 전이를 통해서이다. 본질상 일반적 전이는 원래 기술의 학습이 아니라 일반적인 아이디어(개념이나 원리)의 학습과 관계가 있다. 일반적인 아이디어를 학습하고 나면 우리는 그 뒤에 부딪치는 문제들을 이미 학습한 일반적인 아이디어의 한 특수한 사례(事例)로 보고, 그 아이디어에 비추어 새로운 문제들을 해결할 수 있을 것이다. 이것은 앞의 〈향성(向性)〉의 설명에서 우리가 이미 본 바와 같다. 교육의 과정의 핵심을 이루고 있는 것은 바로 이러한 일반적 전이이다. 교육에서의 일반적 전이란 곧 기본적이고 일반적인 아이디어로서 부단히 지식의 폭을 확장하고 깊이를 심화하는 것을 의미한다.

일반적 전이, 또는 원리의 전이는 전후 학습 사이를 연결 지어 주는 구실을 한다. 일반적 전이가 학습의 연속성을 보장할 수 있는 까닭은 다름 아니라 앞장에서 설명한 바, 교과 구조의 파악에 있다. 말하자면, 한 아이디어가 새로운 사태에 적용될 수 있는가 없는가를 알고 또 그렇게 함으로써 학습의 폭을 넓힐 수 있다면, 우리는 목하(目下) 다루고 있는 현상의 일반적인 성격을 명확히 파악하지 않으면 안 되는 것이다. 우리가 학습한 아이디어가 기본적이고 일반적인 것일수록 그것이 새로운 문제에 적용되는 범위는 넓을 수밖에 없다. 실상 이것은 거의 논리적 순환론(循環論)이다. 왜냐하면, 여기서 〈기본적인〉 아이디어라고 하는 말은 다름 아니라 광범위하고 강력한 적용 가능성을 가진 아이디어를 의미하는 것이기 때문이다. 물론 어떤 과목에 있어서든지 기본적인 아이디어를 가르치도록 교육과정이나 교수방법을 계획하여야 한다고 주장하는 것은 매우 간단한 일이다. 그러나 이런 주장을 실지로 실천에 옮기는 데는 많은 문제가 있으며, 그런 문제들은 대개 상당한 연구를 한 뒤에야 해결될 수 있는 문제들이다. 아래에 그런 문제들을 몇 가지 살펴보겠다.

첫째 문제요, 동시에 가장 명백한 문제는 어떻게 하면 〈보통의〉교사가 〈보통의〉학생들을 가르침에 있어서 여러 가지 학문 분야의 근저(根底)에 있는 기본적인 원리를 명확하게 반영할 수 있도록 교육과정을 구성할 수 있는가 하는 것이다. 이 문제는 두 가지로 생각할 수 있다. 첫째는 교과에 관련된 기본적이고 강력한 아이디어나 태도를 가장 잘 드러낼 수 있도록 기본교과를 다시 고쳐 쓰고 교육자료를 다시 짜 맞추는 문제요, 둘째는 능력과 학년이 서로 다른 학생들에 맞게 그 교과자료의 수준을 조절하는 문제이다.

과거 몇 년 동안의 경험은 각 교과의 근저를 이루고 있는 구조를 가장 잘 반영하도록 교육과정을 구성하는 문제에 관하여 적어도 한 가지 중요한 교훈을 가르쳐 주었다. 즉, 어떤 특정한 학문의 교육과정을 구성하는 일은 그 학문의 가장 훌륭한 학자가 맡아야 한다는 것이다. 초등 학교 학생들에게 미국역사에서 무엇을 가르쳐야 할 것인가, 수학에서 무엇을 가르쳐야 할 것인가 하는 것을 결정하는 데는 각각 그 분야에서 고도의 식견과 실력을 가지고 있는 사람들의 도움이 절대적으로 필요하다. 대수(代數)의 초보적인 아이디어는 교환·분배·결합의 기본 법칙이라는 결정을 내릴 수 있는 사람은 수학의 기본을 속속들이 이해하고 그 중요성을 인식하는 수학자 이외에 다른 사람이 없을 것이다. 학생들이 미국 역사의 사실과 경향(傾向)을 공

부하기에 앞서, 미국 역사에 있어서 서부개척정신의 중요
성을 말한 터너(Frederick Jackson Turner)의 가설(假說)을 이해
해야 하는가 하는 문제를 결정하는 데도 미국 역사를 깊이
이해하고 있는 학자의 도움이 필요하다. 가장 훌륭한 학
자들은 교육과정 구성에 활용할 때 비로소 우리는 방금 공
부를 시작하는 학생들에게 학문과 지혜의 열매를 안겨 줄
수 있을 것이다.

그러면 다시 〈초·중등학교의 교육과정을 구성하는 데
가장 유능한 학자와 과학자들의 도움을 얻는 방법이 무엇
인가?〉 하는 질문이 제기될 것이다. 그 대답은 적어도 부
분적으로는 이미 주어졌다고 본다. 앞에서 말한 SMSG, 일
리노이대학의 수학 교육과정·PSSC·BSCS 등 교육과정
개발 사업에는 사실상 각 분야의 저명한 학자들의 도움이
동원되었다. 그 방법으로서는 주로 여름방학을 틈탔으며,
몇몇 중요한 일을 맡은 사람들의 경우에는 한 해를 온통
휴직한 사람들도 있었다. 이 사업을 하는 동안 그 학자들
은 또한, 뛰어난 초·중등학교 교사들과 또 특별한 목적을
위해서는, 작가·영화 제작자·디자이너 그리고 그 밖에
그토록 복잡한 사업에 필요한 여러 전문가들의 도움을 받
았다.

앞에서 말한 방향으로 교육과정이 전면적으로 재구성된다 하더라도 적어도 한 가지 문제만은 여전히 미해결로 남아 있게 될 것이다. 그것은 지적 활동에 대한 태도에 관한 문제이다. 한 분야의 기본적인 아이디어에 완전히 통달하는 데는 일반적인 원리를 파악할 필요가 있을 뿐만 아니라 그와 동시에 학습과 탐구에 대한 태도, 추측과 가설 설정에 대한 태도, 혼자의 힘으로 문제를 해결할 수 있다는 자신감 등을 가질 필요가 있다. 마치 물리학자가 자연에는 필경 어떤 질서가 있다는 태도와 그 질서는 인간의 힘으로 발견될 수 있다는 확신을 가지고 있는 것과 마찬가지로, 물리학을 공부하는 학생도 각각 이러한 태도를 가질 필요가 있다. 이러한 태도는 학생 개개인이 자기 학습의 결과를 조직하여 자기의 사고에 의미 있게 활용될 수 있도록 하는 데 반드시 필요한 것이다. 수업을 통하여 그런 태도를 길러 주려면 단순히 기본적인 아이디어를 제시하는 것만으로는 안 될 것이다. 이 문제에 대해서는 많은 연구가 필요하지만, 그 중의 한 가지 요소는 〈발견의 희열〉이라고 볼 수 있을 것이다. 즉, 사물이나 현상에서 일찍이 깨닫지 못했던 규칙성을 발견하거나 사물이나 현상 사이에서 유사성을 발견한 나머지 자기 자신의 능력에 대하여 일종의 자신감을 가지게 되는 경우를 말한다. 과학과 수학의 교육과정을 만들어 낸 사람들은 각기 학생들에게 학문의 기본적 구조를 제시하되 학생들로 하여금 스스로 발견할 수 있도록 그 과정을 재미있게 꾸밀 수 있다는 것을 여러 가지로 예시 하였다.

수업을 효율화하는 수단으로서 발견학습의 중요성을 특히 강조한 것은 학교 수학 연구위원회와 일리노이대학의 수학 교육과정 계획이다. 이 사업에 관여했던 학자들은 학생들로 하여금 특수한 연산(演算)의 배후에 깔려 있는 일반적인 원리(정리(定理))를 학생 스스로 발견해 낼 수 있도록 하는 방법을 고안하는 데 적극적인 노력을 기울였다. 이 새로운 방법은 종래의 소위 〈명제와 증명〉 방법과는 대조되는 것으로 볼 수 있다. 종래의 방법에서는 먼저 교사가 일반적인 명제(또는 정리)를 제시하고 학생들에게 그 명제를 증명해 나가도록 한 데 비하여 이 새로운 방법에서는 특수한 수학적 명제에서 일반적 명제를 학생 스스로가 발견해 내도록 하는 것이다. 그러나 동시에 일리노이대학 팀에서는 발견학습을 하면 수학에서 학생들이 알아야 할 무슨 내용을 다루기에 너무나 시간이 많이 걸린다는 것도 문제시되었다. 한편으로는 학생들에게 발견의 방법을 가르쳐 주는 것과 또 한편으로 알아야 할 모든 내용을 가르쳐 주는 것 사이에 적절한 균형을 유지하는 것은 결코 쉬운 일이 아니며, 이 문제를 밝히기 위한 연구가 현재 진행되고 있고 또 앞으로 더욱 많은 연구가 이루어져야 할 것이다. 연구되어야 할 문제란 예컨대, 원리를 가르치는 데는 귀납법(歸納法)과 연역법(演繹法) 중에서 어느 것이 더 좋은 방법인가, 두 가지 중에서 어느 것이 태도에 더 바람직한 영향을 미치는가 하는 것들이다. 연역법과 귀납법은 그 자체보다는 다른 변인(變因)과 어떻게 결합 하는가에 따라 상이한 효과를 나타낼 가능성이 있다. 구체적으로 이 연구자는 이 두 방법이 학생의 〈인지양식(認知樣式)〉에 따라 다른 효과를 낸다는 점에 착안하여, 〈포괄적인 인지양식〉을 가진 학생에게는 연역법이 또 〈분석적인 인지방식〉을 가진 학생에게는 귀납법이 각각 보다 효과적이라는 것을 발견하였다.

발견학습의 방법은 수학이나 물리학과 같이 고도로 체계화된 교과에 국한될 것이 아니다. 이것은 하버드 대학교의 인지문제연구소에서 실시한 사회생활과의 실험 연구에서 이미 밝혀진 것이다. 이 연구에서는 초등학교 6학년 학생들에게 미국 동남부 지역의 인문지리단원을 전통적인 방법으로 가르치고 난 뒤에 미국 북 중부 지역의 지도를 보여 주었다. 이 지도에는 지형적인 조건과 자연자원이 표시되어 있을 뿐 지명은 표시되어 있지 않았다. 학생들은 지도에서 주요 도시가 어디 있는가를 알아내게 되어 있었다. 학생들은 서로 토의한 결과 도시가 갖추어야 할 지리적 조건에 관한 여러 가지 그럴듯한 인문지리 이론을 쉽게 만들어 내었다. 말하자면 시카고가 오대호 연안에 서게 된 경위를 설명하는 수상교통 이론이라든지, 역시 시카고가 메사비 산맥 근처에 서게 된 경위를 설명하는 지하자원 이론이라든지, 아이오아의 비옥한 평야에 큰 도시가 서게 된 경위를 설명하는 식품공급 이론 따위가 그 것이다. 지적인 정밀도의 수준에 있어서나 흥미의 수준에 있어서나 할 것 없이, 이 학생들은 북 중부의 지리를 전통적인 방법으로 배운 통제집단의 학생들보다 월등하였다. 그러나 가장 놀라운 점은 이 학생들의 태도가 엄청나게 달라졌다는 것이다. 이 학생들은 이때까지 간단하게 생각해 온 것처럼 도시란 아무데나 그냥 서는 것이 아니라는 것, 도시가 어디에 서는가 하는 것도 한 번 생각해 볼만한 문제라는 것, 그리고 그 해답은 〈생각〉함으로써 발견될 수 있다는 것을 처음으로 깨달았던 것이다. 이 문제를 추구하는 동안에 재미와 기쁨도 있었거니와, 결과적으로 그 해답의 발견은, 적어도 〈도시〉라는 현상을 이때까지 아무 생각 없이 받아들여 오던 도시 학생들에게는, 충분히 가치가 있는 것이었다.

우리가 가르치려고 하는 기본적 지식을 학생들의 흥미나 능력에 어떻게 부합시킬 것인가? 이것은 다음 장(章)에서 다소간 자세하게 다루게 될 것이므로 여기서는 한마디만 언급하겠다. 기본적인 지식을 학생들의 흥미나 능력에 부합시키는 데는 물리적인 현상이거나 그 밖의 현상들을 제시함에 있어서 재미있고 정확하고 동시에 이해하기 쉬워서 배운 보람이 있도록 제시할 필요가 있다. 이를 위해서는 해당 교과에 관한 깊은 이해와 불굴의 성실성을 동시에 갖추지 않으면 안 된다. 예컨대 물리학의 어떤 교육자료를 조사해 보는 동안에 우리는 저자들이 불굴의 성실성을 기울이기는 했으나 결과적으로 아주 형편없는 자료가 된 것을 보았다. 그것은 저자들이 그 교과에 대하여 깊은 이해를 가지지 못했기 때문이라고 생각된다.

그 좋은 보기는 물리학에서 종래 조석(潮汐)을 어떻게 설명하려고 했는가 하는 데서 찾아볼 수 있다. 오늘날 고등학교 학생들에게 조석 현상이 왜 생기는가를 설명하라고 하면 대부분이 지구 표면에 작용하는 달의 인력(引力)으로 말미암아 달이 있는 쪽의 바닷물이 부풀어 오르기 때문이라고 설명한다. 그러면 다시 달의 반대쪽에 있는 바닷물이, 물론 달이 있는 쪽보다는 적게 부풀어 오르지만, 왜 부풀어 오르는가 하고 물으면 대개 제대로 대답을 못한다. 또는 지구와 달의 상대적 위치에 따라 최고조가 일어나는 지점이 어디인가를 물으면 십중팔구 달에서 가장 가까운 지구표면의 지점이라고 대답한다. 비록 조석(潮汐)이 최고조(最高潮)에 달하는 데는 시간적 간극(間隙)이 있다는 것을 아는 학생이라 하더라도 대개 왜 그런지 알지 못한다. 어느 경우에 있어서나 학생이 대답을 못하는 것은 지구의 중력이 자유로 움직이는 유동물질(流動物質)에 어떻게 작용하는가를 바로 알지 못하기 때문이며 관성(慣性)의 법칙과 지구중력의 법칙을 관련지어 생각할 수 없기 때문이다. 요컨대, 종래 물리과에서는 뉴우톤의 만유인력의 법칙과 그 작용방식을 깊이 이해하는 데서 오는 희열(喜悅)을 완전히 도외시한 상태에서, 조석(潮汐) 현상을 설명해 왔다는 것이다. 정확하고 또 풍부한 시사를 주는 설명은 부분적으로만 정확한 설명, 또한 그렇기 때문에 복잡하고 제한된 설명보다 더 파악하기 쉽다. 교육과정 사업에 참여했던 모든 사람들이 한결같이 주장한 것이지만, 학습 자료를 재미있게 만든다는 것과 그것을 올바르게 제시한다는 것 사이에는 아무런 모순이 없으며, 실상 정확한 일반적 설명이 다른 어느 것보다도 가장 재미있는 경우가 대부분이다.

이때까지의 설명에서 우리는 교과의 기본적 구조를 가르치는 데 관련된, 적어도 네 가지 일반적인 주장을 뽑아낼 수 있다. 이제 이 네 가지 주장을 좀 더 자세히 고찰해 보기로 하자.

첫째 주장은 기본적인 사항을 이해하면 교과를 훨씬 쉽게 파악할 수 있다는 것이다. 이것은 우리가 앞에서 주로 예시한 물리나 수학에서 뿐만 아니라 사회생활과 문학에도 똑같이 적용된다. 예컨대 한 국가는 살기 위해서 무역을 해야 한다는 기본적인 아이디어를 일단 파악하고 나면 미국 식민지 시대의 삼국통상이라는 현상은 영국의 통상 규정을 멋대로 어기어 가면서 당밀과 사탕수수와 럼주(酒)와 노예를 사고 판 것 이상의 의미를 지닌 것으로 훨씬 쉽게 이해될 수 있다. 『백경(白鯨)』(Moby Dick)이라는 소설을 읽는 고등학교 학생은 멜빌(Mellville)의 소설이 대체로 악의 주제와 그러한 악을 제거하려는 사람들(〈백경(白鯨)〉에서는 고래를 죽이려는 선장)의 운명을 다루었다는 것을 알 때, 비로소 그 소설을 보다 깊이 이해할 수 있다. 또한, 소설에서 취급되는 인간의 운명이란 그 수가 비교적 제한되어 있다는 것을 이해하게 되면, 그 학생은 그것 때문에 문학을 더 잘 이해할 수 있게 될 것이다.

둘째 주장은 인간의 기억력에 관한 것이다. 한 세기 동안의 집중적인 연구 결과로 오늘날 인간의 기억력에 관하여 우리가 알고 있는 가장 기본적인 사실은 이것이다. 즉, 세세한 사항은 그것이 전체적으로 구조화된 형태 안에 들어 있지 않은 한, 곧 잊어버려 진다는 것이다. 세세한 자료가 기억 속에 보존되는 것은 그것이 단순화된 형태로 표현되는 것이다. 이 단순화된 표현은 소위 〈재생성적(再生成的)〉인 기능을 가지고 있다. 장기간의 기억이 재생성적인 특징을 가지고 있다는 것을 보여주는 좋은 보기는 과학에서 다음과 같은 것을 들 수 있다. 과학자들은 어떤 시간 동안 어떤 중력장(重力場)에서 낙체(落體)가 낙하(落下)한 거리를 일일이 외우려고 하지 않는다. 시간이 다르고 중력장이 다름에 따라 외워야 할 낙하거리가 수없이 많을 것이기 때문이다. 그리하여 과학자들은 거리와 시간과 중력상수(重力常數)가 적힌 길고 복잡한 표(表)를 기억하는 것이 아니라 $S=\frac{1}{2} \cdot gt^2$ 이라는 공식(公式)을 기억하고 있다.

이 공식은 여러 가지 거리와 시간과 중력상수 사이의 관계를 기초로 하여 만들어진 것이지만, 동시에 이 공식을 기초로 하여 일정한 중력장에서 일정한 시간 동안 낙체(落體)의 낙하(落下) 거리를 어느 정도 〈재생성(再生成)〉할 수 있다. 마찬가지로 우리는 『로이드 짐』(Lord Jim)이라는 소설에 나오는 주석자(註釋者) 말로우가 주인공의 운명에 관하여 무엇이라고 말했는가를 정확하게 기억할 필요가 없고, 오직 그는 냉정한 방관자로서 로오드 짐이 그런 곤경에 스스로 몸을 던진 데 대하여 옳다 그르다 하는 판단은 하지 않고 다만 왜 그런 짓을 했는가를 이해하려고만 한 사람이었다는 것을 기억하면 충분하다. 일반적으로 우리가 기억하는 것은 공식(公式), 한 사건의 전체적인 의미를 나타내는 생생한 세부(細部), 일련의 사상(事象)들을 대표하는 평균(平均), 사물의 본질을 보여주는 간략하게 그린 그림 등이며, 이들은 모두 복잡한 사물을 압축해서 표현하는 기술들이다. 일반적이고 기본적인 원리를 배운다는 것은 다름 아니라, 기억에서 사라진다고 해서 전적으로 모든 것이 사라지는 것이 아니라는 보장, 기억을 상실한 뒤에 남아 있는 것이 우리로 하여금, 만약 필요한 경우에는, 세세한 내용을 다시 구성할 수 있도록 해준다는 보장, 바로 그것이다. 이론이라는 말을 일반적인 원리의 체계라는 뜻으로 쓰면, 좋은 이론은 현재 어떤 현상을 이해하는 수단이 될 뿐만 아니라 장차 그것을 기억하는 수단이 되기도 한다.

셋째로, 앞에서 이미 말한 바와 같이, 기본적인 원리나 개념을 이해하는 것은 적절한 〈훈련의 전이〉를 가능하게 하는 가장 중요한 방법이다. 어떤 사물을 보다 일반적인 개념의 한 특수한 사례로 이해한다는 것은—이것은 바로 기본적인 원리나 구조를 이해한다는 말의 뜻이다—한 특수한 사물을 배웠다는 것뿐만 아니라 앞으로 당면하게 될, 그것과 비슷한 사물들을 비추어 이해할 수 있는 모형을 배웠다는 것을 의미한다. 백년전쟁이 끝날 무렵 유럽이 경험하였던 그 답답한 분위기를 가장 인간적인 의미에서 파악하고 그것이 어떻게 웨스트팔리아 조약이라는 사건의 계기를 마련하였는가를 이해한다면, 학생들은 그 이후 동서(東西) 사이의 이념적 분쟁에 관하여 보다 확실한 견해를 가질 수 있을 것이다. 물론 이 양자(兩者)사이의 비유관계는 그렇게 정확한 것은 아니다. 그리하여 세밀한 단계를 거쳐 원리를 이해하게 되었을 경우에 우리는 또한 그 원리의 제한점도 알 수 있게 된다. 〈원리(原理)〉나 〈개념(槪念)〉

의 학습이 전이(轉移)의 기초가 된다는 생각은 오래 전부터 잘 알려져 왔다. 그러나 여러 학년의 학생들에게 여러 가지 과목을 어떻게 하면 가장 잘 가르칠 수 있는가를 자세하게 알기 위해서는 앞으로 더욱 구체적인 문제들이 많이 연구되어야 한다.

교수(敎授)에서 구조(構造)와 원리(原理)를 강조하는 넷째 주장은 〈고등(高等)〉 지식과 〈초보(初步)〉 지식 사이의 관련에서 찾아볼 수 있다. 즉, 초등 학교와 중등학교에서 가르치는 학습 자료가 어떤 기본적인 성격을 나타내고 있는가를 끊임없이 재조사함으로써 우리는 고등 지식과 초보 지식 사이의 간극을 좁힐 수 있다는 것이다. 오늘날 학생들이 초등 학교에서 중·고등학교를 거쳐 대학에 진학하는 동안에 생기는 교육과정상의 문제는 그 전에 배운 내용이 그 학문의 발전에 너무나 뒤처져 있기 때문에 이미 낡았거나 그릇된 가능성이 상당히 크다는 것이다 학문의 발전과 학교 교과 사이에 있는 이러한 간극은 앞의 논의에서 강조해 온 방향으로 교육과정이 재구성됨에 따라 훨씬 좁아질 수 있을 것이다.

그러면 이제 우즈 호울 회의에서 상당히 논의되었던 구체적인 문제들을 몇 가지 살펴보기로 하자. 그 중에서 한 가지 다루기 어려운 문제는 소위 〈일반적 과학〉에 관한 것이다. 사실상 거의 모든 분야의 과학에는 몇 가지 공통된 개념이나 원리가 몇 번이고 되풀이되어 나타난다. 만약 한 과학 분야(예컨대 물리)에서 이러한 일반적인 개념이나 원리를 잘 공부했다면, 다른 과학 분야(예컨대 지학)에서 그러한 개념이나 원리를 다른 형식으로 다시 공부할 때 훨씬 쉬울 것이다. 교사와 과학자들 중에는 그런 기본적인 아이디어는 별로 취급을 할 필요가 있지 않을까, 다시 말하면 그런 기본적인 아이디어는 과학의 특수한 분야와의 관련에서 따로 떼어내 그 자체로서 학생들에게 충분히 자세하게 가르칠 필요가 있지 않을까 하는 의문을 제기하는 사람들이 많이 있었다. 이런 종류에 속하는 기본적 아이디어를 몇 가지 생각나는 대로 예시하면, 분류(分類)와 그 용도(用途), 측정(測定)의 단위와 그 발달, 과학적 지식의 추론적(推論的) 성격과 조작적 정의의 필요성 등을 들 수 있다. 예컨대 마지막, 과학적 지식의 추론적 성격에 관해서 말하자면, 우리는 〈압력〉이라든가 〈원자(原子)의 결합〉 등을 직접 볼 수는 없고 다만 일련의 측정치(測定値)에서 간접적으로 추론할 수 있을 뿐이다. 〈체온(體溫)〉이라는 것도 마찬가지고, 다른 사람의 마음속에 있는 〈슬픔〉이라는 것도 마찬가지이다.

이와 같은 개념들을 저학년 학생들에게 효과적으로, 또 여러 가지 구체적인 예시를 통하여 제시함으로써, 나중에 그런 개념들이 특수한 과목에서 특수한 형식으로 표현될 때 더 쉽게 이해할 수 있도록 해줄 수 있을 것인가? 나중에 고학년에 가서 보다 세분화된 과학 과목을 공부하기 위한 입문으로서 그런 〈일반적 과학〉을 가르치는 것이 현명한 일인가? 만약 가르쳐야 한다면 어떻게 가르칠 것인가? 이것은 앞으로 많이 연구되어야 할 유망한 연구과제이다. 이 연구에는 〈일반 과학〉을 가르치는 방법이 유용한가 하는 문제뿐만 아니라 〈일반 과학〉에서 가르쳐야 할 기본적인 아이디어란 어떤 것인가 하는 문제도 포함된다.

사실상, 과학이건 문학이건 나중의 학습과 중요한 관련을 맺고 있는 어떤 일반적인 태도나 접근방식을 저학년 학생들에게 가르쳐 줄 필요가 확실히 있을 것이다. 세상 만물이 따로따로 떨어진 것이 아니라 서로 관련되어 있다고 보는 태도가 그 좋은 보기이다. 실지로 유치원 어린이들로 하여금 사물이 서로 관련되어 서로 영향을 주고 있다는 점을 깨닫게 하는 놀이를 만들어 낼 수 있을 것이다. 이것은 물리 현상이나 사회 현상에서 흔히 볼 수 있는 바, 사건

사이의 복합적인 인과관계를 알게 하는 첫걸음이다. 진정한 과학자라면 누구나 보통 자기 연구 방법의 한 부분으로서 과학적인 사고방식이나 태도에 관하여 무엇인가 말할 거리가 있을 것이다. 역사가들은 역사학에 관하여 이 문제를 많이 취급해 왔다. 문학인들은 문학적인 멋과 생동감을 자아내는 올바른 형식에 관하여 문학평론이라는 하나의 독자적인 영역을 개척해 놓았다. 수학에서는 수학문제를 해결하는 접근방법을 나타내는 말로서, 〈발견법〉이라는 공식적인 이름이 생겼다. 우즈 호울 회의에 참석한 여러 전공분야의 학자들이 주장한 바와 같이, 이러한 태도나 사고방법 중에서 가장 널리 펴져 있고 가장 유용한 것이 어떤 것인가를 알 필요가 있을 것이며, 또한 저학년의 어린이들에게 이런 태도나 사고 방법을 가르치려면 어떻게 할 것인가를 연구할 필요가 있을 것이다. 이 초보적인 태도나 사고방법은 학년이 올라감에 따라 점점 세련된 형태를 갖출 것이다. 다시, 이러한 주장의 밑바닥에는 학자가 자기 학문의 최전선에서 하는 일과 어린이가 그 학문을 처음으로 공부할 때 하는 일 사이에는 연속적인 관계가 있다는 기본 가정이 깔려 있다. 이것은 앞의 주장을 실천하는 일이 쉽다는 것을 말하는 것이 아니라, 다만 이 문제는 주도면밀하게 생각하고 연구할 가치가 있다는 것을 말하는 것이다.

일반적인 원리와 일반적인 태도를 가르치려고 노력할 필요가 있다는 주장에 반대하는 논지(論旨)도 있을 수 있다. 그 가장 중요한 것은 아마도 다음 두 가지일 것이다. 첫째로 특수한 사실을 거쳐 일반적인 원리를 가르치는 것이 더 좋은 방법이라는 것과, 둘째로 진정한 학문의 태도는 공공연히 드러내면서 가르칠 것이 아니라 학문을 하는 과정에 스며 있어야 한다는 것이다. 우선 첫째 논지(論旨)에 관하여 예를 들어 설명하면, 생물과의 핵심적인 개념은 〈이것이 생물체에 어떤 기능을 수행하고 있는가?〉 하는 질문에 나타나 있다. 이 끊임없이 제기되는 질문의 배후에는 생물체에 들어 있는 것은 무엇이든지 모종의 기능을 수행하고 있다는 가정(假定), 그리고 만약 그것이 아무런 기능도 없는 것이라면 현재까지 남아 있을 리가 없다는 가정이 들어 있다. 생물과에서 그 밖의 다른 일반적인 개념은 이 질문(또는 이 질문이 나타내고 있는 위의 가정)에 관련되어 있다. 생물학을 더 깊이 공부함에 따라 학생은 이 질문을 더욱더 복잡한 형식으로 제기할 줄 알게 되고, 이 질문에 더욱더 많은 개념들을 관련지을 수 있게 된다. 그 다음

단계에 가서 그는 한 특정한 구조나 과정이 생물체의 전체 기능에 비추어 어떤 기능을 수행하는가 하는 문제를 제기한다. 측정이나 분류는 〈기능〉이라는 이 일반적인 개념을 더욱 명백히 하는 수단으로서 사용될 뿐이다. 그 다음에 한 걸음 더 나아가서 그 학생은 세포조직이나 계통발생 분야로 깊이 들어가서, 보다 종합적인 〈기능〉의 개념을 중심으로 자기의 지식을 조직할 것이다. 모르기는 해도, 어떤 특정한 학문의 사고방식은 일반적인 개념의 참된 의미를 따로 떼어내어 일반적인 말로 가르치는 것보다는 그 의미를 생물 현상과의 관련에서 가르치는 것이 더 효과적일 것이다.

둘째로 〈태도(態度)〉를 가르치는 문제, 또는 수학에서 〈발견법〉을 가르치는 문제에 관하여 생각해 보면, 앞의 반대 논지는 이런 것이다. 즉, 만약 학생이 자기 자신의 태도나 접근 방법에 지나치게 신경을 쓰면 결과적으로 기계적인 방법, 또는 기교 중심의 방법으로 흐를 가능성이 있다는 것이다. 이 문제에 대해서는 아직 이렇다 할 증거가 없고, 앞으로 연구가 필요하다. 현재 일리노이대학에서 어린이들로 하여금 물리 현상에 관하여 중요한 질문을 더 잘 제기할 수 있도록 훈련하는 연구가 진행되고 있으나 이 문제가 밝혀지려면 더 많은 지식이 필요하다.

우리는 혼히 〈행동〉과 〈이해〉를 구별하여 말하는 것을 듣는다. 예를 들면 한 학생이 수학의 원리를 이해하는 것 같기는 하나 그 원리를 써서 실지로 계산해 낼 수 없을 경우에, 사람들은 〈행동〉과 〈이해〉란 별개의 것이라고 말한다. 도대체 한 학생이 이해하고 있는 가 아닌가는 그의 행동을 보아야 비로소 알 수 있다고 생각하면, 아마 이 구별은 그릇된 구별일 것이다. 그러나 또 한편 이 구별은 교수와 학습에서 무엇을 강조할 것인가 하는 재미있는 문제를 일으킨다.

우리는 문제해결에 관한 고전적인 심리학 서적(예컨대) 막스베르하이머 Max Wertheimer의 『생산적 사고』(Productive Thinking)에서 〈기계적 연습〉과 〈이해〉가 엄격하게 구별되어 있는 것을 볼 수 있다. 그러나 사실인즉, 연습이라고 하여 반드시 기계적이어야 할 이유는 없으며 서글픈 일이지만, 이해를 강조한 경우에도 학생들이 입으로만 줄줄 외는 결과를 빚어 낼 수 있다. SMSG에 참여했던 사람들이 경험한 바로는 수학에서 〈계산 연습〉은 수학의 개념구조를 이해하는 데 반드시 거쳐야 할 단계라는 것이다. 문학의 경우에도 마찬가지이다. 고등학교 학생들에게 여러 가지 다른 문체(文體)를 쓰는 작가들의 글을 읽힘으로써 문체감각을 불어 넣을 수는 있으나, 문체에 대한 최종적인 통찰(洞察)은 학생 자신이 여러 가지 문체로 글을 써 볼 때 비로소 생긴다. 사실상 실험실 연습을 강조하는 근거는 바로 실지로 해보는 것이 이해에 도움이 된다는 데 있다.

우즈 호울 회의에서 어떤 심리학자가 말했다시피, "내가 무엇을 하는가를 느끼지 않고 어떻게 내가 무엇을 생각하는가를 알 수 있단 말인가?"라고 하는 재담(才談)에서 모종의 지혜가 들어 있다고 본다.

어쨌든, 〈행동〉과 〈이해〉 사이의 구별은 그 자체로서는 별로 유용한 구별이 아니며, 보다 중요한 문제는 다른 데 있다. 즉, 어떤 특정한 학문 분야에서 학생들에게 학습 자료에 관한 지적인 통달감을 주기 위해서는 어떤 연습 방법이 가장 좋은가? 수학의 각 영역에서 가장 유효한 계산 연습은 무엇인가? 헨리 제임스(Henry James)의 문체를 따라 글을 쓰려는 노력을 하면 학생들은 그 작가의 문체에 관하여 특별히 좋은 통찰을 가지게 될 것인가? 아마도 이런 문제들을 이해하는 첫걸음으로서, 우수한 교사의 교육방법을 조사해 보는 방법이 좋을 것이다. 이러한 조사의 결과는 필경 교육방법, 또는 일반적으로 복잡한 지식을 전달하는 방법 전반에 관하여 수많은 실험실 연구를 할 필요가 있음을 시사(示唆)할 것이다.

마지막으로 시험에 관하여 잠깐 언급하겠다. 시험이 교육에 좋지 못한 효과를 낼 가능성이 있다는 것은 우리가 모두 잘 알고 있다. 흔히 시험은 교과 중에서 중요하지 않은 구석진 측면을 강조한다. 이런 경향으로 흐른다면, 시험은 교사로 하여금 단편적인 내용을 가르치게 하고 학생들로 하여금 기계적으로 학습하게 할 가능성이 있다. 그러나 흔히 간과(看過) 되고 있는 사실이지만, 시험은 또한 교육과정과 수업을 개선하는 데 중요한 구실을 할 수 있다. 선다형과 같은 〈객관식〉이거나 논문형의 〈주관식〉이거나간에, 원칙상 한 교과의 일반적 원리에 대한 이해를 강조하는 방향으로 시험문제를 낼 수 있을 것이다. 사실상, 세세한 지식을 시험하는 경우에도 학생들이 특수한 사실 사이의 관련을 이해하지 못하면 정답을 맞출 수 없도록 시험문제를 만들 수 있다.

현재 교육검사연구소(ETS : Educational Testing Service)와 같은 전국적인 검사기관에서 기본적인 원리의 이해를 강조하는 시험문제를 만들려는 노력이 진행되고 있다. 이러한 노력은 크게 도움이 될 것이다. 동시에 지방교육당국에서 시험문제의 제작 방법을 설명하는 교범(敎範)을 널리 배포할 필요가 있을 것이다. 학생들의 이해 정도를 깊이 파고 들어가는 시험문제를 만들기란 쉬운 일이 아니며, 그러니만큼 시험문제 제작에 관한 자세한 교범이 더욱 요청되는 것이다.

요약컨대, 이 장(章)이 다룬 주제는 다음과 같다. 즉, 한 교과의 교육과정은 그 교과의 구조를 나타내는 일반적인 원리를 가장 깊이 이해하고 있는 사람들에 의하여 결정되어야 한다. 해당 학문 분야의 폭넓은 기본 구조와 관련을 맺지 않은 특수한 사실이나 기술을 가르치는 것은 몇 가지 근본적인 의미에서 비경제적이다. 첫째로, 그런 방식으로 가르치면 학생들은 이미 학습한 것을 앞으로 당면할 사태에 적용하기가 아주 어려울 것이다. 둘째로, 일반적인 원리를 파악하는 데까지 미치지 못하는 학습은 지적인 희열이라는 관점에서 볼 때, 아무것도 주는 바가 없다. 교과에 대한 흥미를 일으키는 가장 좋은 방법은 학생들로 하여금 그것이 알 가치가 있는 것임을 느끼도록 하는 것이며, 이것은 다시 학습에서 얻은 지식을 학습 사태 이외의 다른 사태에서도 써먹을 수 있도록 할 때 가능하다. 셋째로, 학

머리에 하나의 가설(假說)을 제시하겠다. 즉, 〈어
든지 지적으로 올바른 형식으로 표현하면 어떤 발
에 있는 어떤 아동에게도 효과적으로 가르칠 수 있
하는 것이다. 이것은 실로 대담한 가설이며, 그러면
육과정의 성격을 생각하는 데 필요불가결한 가설
현재 이 가설을 부정할 만한 증거는 하나도 없으며,
이 가설을 지지하는 증거가 상당히 많이 수집되어

설이 무슨 뜻인가를 분명히 밝히기 위하여 세 가지
인 문제를 고찰하였다. 첫째는 아동의 지적 발달과
관한 문제요, 둘째는 학습하는 행위에 관한 문제이

습에서 얻은 지식을 서로 얽어매는 구조가 없을 때 그 지식은 쉽게 잊어버려진다. 서로 단절된 일련의 사실들은 그 기억 수명이 가련하리만큼 짧다. 원리나 개념을 중심으로 특수한 사실들을 조직하고 그 원리나 개념에서 다시 특수한 사실들을 추리(推理)해 내는 것만이 인간 기억의 급속한 마모율(磨耗率)을 감소시키는, 현재까지 알려진 유일한 방법이다.

한 학문 분야의 기본 구조를 반영할 수 있도록 교육과정을 설계하는 데는 그 분야를 속속들이 이해할 필요가 있다. 그러므로 교육과정의 설계는 가장 유능한 학자와 과학자의 적극적인 참여 없이는 도저히 이루어질 수 없다. 지난 몇 년 동안의 경험에 비추어 보면 그러한 학자와 과학자들은 경험이 많은 현장 교사와 아동발달 전문가의 도움을 받아, 우리가 이때까지 논의해 온 그러한 종류의 교육과정을 준비할 수 있다. 실지로 교육과정 자료를 만들어 내는데, 교사를 훈련하는 데, 또 이 분야에 관련된 연구를 수행하는 데 더 많은 노력이 필요할 것이다. 이 노력은 오늘날 우리가 겪고 있는 과학적 및 사회적 혁명의 도전을 능히 감당할 수 있을 정도로 우리의 교육을 개선하는 데 필수적으로 요청되는 것이다.

일반적인 원리를 가르치되 어떻게 하면 효과적으로, 또 동시에 재미있게 가르칠 수 있는가 하는 데는 많은 문제가 있다. 그리고 그 중에서 몇 가지 중요한 문제는 앞에서 간략하게 언급하였다. 현 단계로 보아 명약관화한 것은 이때까지 효과적인 방법으로 알려져 있는 것을 조사하는 데, 실험적으로 실시해 볼 수 있는 교육과정을 구성하는 데, 그리고 수업을 개선하기 위한 노력 전반에 걸쳐서 방향을 제시할 수 있는 연구를 수행하는 데, 할 일이 산적해 있다는 것이다.

우리가 이때까지 논의해 온 그런 종류의 교육과정을 연령층이 다른 어린이들의 지적 능력에 부합시키는 방법은 무엇인가? 다음 장(章)에서는 이 문제를 다루겠다.

학습(學習)의

학습(學

며, 셋째는 앞에서 이미 언급한 바 있는 〈나선형(螺旋形) 교육과정〉에 관한 문제이다.

지적 발달(知的 發達)

아동의 지적 발달에 관한 연구 결과는 대체로 다음과 같은 사실을 밝혀 주고 있다. 즉, 발달 과정을 통하여 아동은 각각의 단계에 독특한 방식으로 세계를 지각하고 설명한다는 것이다. 따라서 어떤 특정한 연령층의 아동에게 교과를 가르치는 문제는 곧, 그 아동의 지각방식에 맞게 교과의 구조를 표현하는 문제이다. 말하자면 교과의 구조를 아동의 지각방식에 맞도록 〈번역(飜譯)〉하는 문제라고 할 수 있다. 첫머리에 제시한 일반적인 가설은 하나의 신중한 판단을 전제로 하여 성립된 것이다. 그 판단이란 곧 어떤 아이디어든지 초등 학교 1학년 또래 어린이들의 사고 방식에 맞도록 충실하고 유용하게 표현될 수 있다는 것이요, 또한 어린이는 차차 학습해 나감에 따라 자기가 최초의 학습에서 익힌 표현방식을 점점 강력하고 정확하게 만들어 갈 수 있다는 것이다. 이것은 그 초기의 학습이 충실하면 할수록 더 쉽게 이루어질 수 있다. 이 견해를 잘 설명하고 또 그것이 옳다는 것을 보이기 위하여 우리는 이제 지적 발달과정을 다소간 자세하게 고찰하고 각각의 발달 단계에 맞도록 가르치려면 어떻게 해야 하는가를 알아보겠다.

삐아제(Piaget)를 위시한 몇몇 다른 사람들의 연구 결과에 의하면 아동의 지적 발달은 대체로 세 단계를 거쳐 이루어진다. 첫째 단계는 소위 〈전조작적 단계〉라는 것이다. 이 단계는 주로 학령 전(學齡前)에 해당되기 때문에 여기서는 자세히 고찰할 필요가 없다. 이 단계는 적어도 삐아제의 연구 대상인 스위스 아동인 경우에는, 5살이나 6살까지이다. 이 단계에서 아동의 지적 활동은 주로 경험과 동작과의 관계를 확립하기 위한 것이며, 아동의 주된 관심은 동작을 통하여 세계를 탐색하고 조종하는 데 있다. 이 단계는 대체로 언어 발달이 시작하는 때부터 아동의 상징 〈한자(漢字)·문자(文字)·그림 등〉을 다룰 줄 알게 되는 때까지에 해당된다.

상징(象徵)에 관하여 이 단계의 아동이 이룩하는 가장 중요한 업적은 외부 세계를 상징으로 표현할 수 있다는 것이다. 외부 세계를 상징으로 표현한다는 것은 곧 외부 세계를 단순화하고 일반화 할 수 있다는 뜻이다. 예컨대 〈개〉라는 단어(상징)가 어떻게 세계를 단순화하고 일반화하는가를 생각해 보자. 이 단어는 수없이 많은 개들을 모두 〈개〉라는 한마디로 요약한다는 뜻에서 〈단순화〉하며, 동시에 〈이〉개도 〈저〉개도 아닌 개 전체를 일반적으로 지칭한다는 뜻에서 일반화한다. 이것은 실로 대단한 업적이다. 이 업적으로 말미암아 그 전에 하나하나 개별적인 특성을 가진 것으로 지각되던 사물이 어떤 공통성을 지닌 동일한 사물로 지각된다. 그러나 이 단계의 아동이 지각하는 상징적인 세계에는 아동의 내적인 동기(動機)나 감정과 외부의 실재(實在)가 명확히 구별되지 않는다. 말하자면 세계는 아동 자신이 바라고 느끼는 대로 움직이고 있다고 생각하는 것이다. 해가 돋는 것은 하나님이 해를 밀어 올리기 때문이며, 별이 지는 것은 별도 아동 자신처럼 잠을 자러 가기 때문이다. 이 단계에서 아동은 자기가 달성하고자 하는 목적과 그것을 달성하는 데 필요한 수단을 거의 분간할 수 없으며, 실재를 조종하려는 노력이 거듭 실패로 돌아가고 난 뒤에 자기의 활동을 교정하고자 할 때에도 소위 〈상징적 조작(操作)〉에 의존하는 것이 아니라 〈직관적 (直觀的) 조절〉에 의존한다. 여기서 〈직관적 조절〉이라는 것은 깊이 생각해 보고 난 뒤에 행동하는 것이 아니라 닥치는 대로 시행착오를 거듭하는 것을 의미한다.

전 조작(前操作) 단계(段階)의 아동에게 모자라는 것 중에 가장 중요한 것은 삐아제를 중심으로 한 제네바 학파의 용어로 〈가역성(可逆性)의 개념(概念)〉이라고 하는 것이다. 가역성이란 쉽게 말하여 물체의 상태가 달라졌다 하더라도, 적어도 개념상으로는, 그것이 달라지지 않은 원래의 상태로 되돌아갈 수 있다는 가능성을 말한다. 그리하여 전 조작 단계에 있는 아동은 찰흙으로 만든 공의 모양을 바꾸면 그것을 다시 원래의 상태로 만들어 놓을 수 있다는 것을 알지 못한다. 이런 근본적인 사고능력이 없기 때문에 이 단계의 아동은 수학이나 물리학의 기초를 이루고 있는 몇 가지 기본적인 아이디어를 이해하지 못한다. 수학에서, 일정한 양(量)을 몇 개의 토막으로 나누어 놓더라도 원래의 양(量)에는 변함이 없다는 것이라든지, 물리학에서 물체의 모양을 바꾸더라도 질량과 무게는 보존된다는 아이디어(소위 〈양의 보존 개념〉)가 바로 그것이다. 그러므로 이 단계에 있는 아동에게 개념을 전달하는 데 있어서 교사가 할 수 있는 일이란, 극히 직관적인 교수 방법을 쓴다 하더라도, 아주 제한될 수밖에 없다.

지적 발달의 둘째 단계는 초등학교 입학과 더불어 시작하는 단계로서, 소위 〈구체적 조작 단계〉라고 불리는 단계이다. 앞의 전 조작 단계가 순전히 동작적인 것에 불과한 데 비하여 이 단계는 〈조작적〉이라는 데 그 특징이 있다. 조작이라는 것은 동작의 한 가지 형식으로서, 물체를 직접 손으로 다룰 때처럼 직접적인 형식을 취하기도 하거니와, 또한 〈머리속으로〉 사물이나 사물간의 관계를 나타내는 상징을 다룰 때처럼 내면적인 형식을 취하기도 한다. 대충 말하자면, 조작은 실제 세계의 현상들을 〈머리속에〉 넣고, 머리속에서 그 현상들을 변형, 조직하여 장차 문제해결에 활용될 수 있도록 하는 수단이다. 예를 들어, 아동이 일종의 당구놀이에서 입사각(入射角)과 반사각(反射角) 사이에 어떤 관계가 있는가를 알아내는 경우를 생각해 보자. 당구대와 같은 장치의 한 귀퉁이에 딱총으로 공을 벽으로 쏘게 되어 있다. 아동은 여러 가지 각도로 딱총을 쏘아 보면서 딱총을 기울인 각도와 공이 튀어나오는 각도 사이에 어떤 관계가 있는가를 알아내게 되어 있다. 아주 어린 아동들은 여기서 아무런 문제를 찾아내지 못한다. 말하자면 공은 똑바로 가는 것이 아니라 한 번 꾸부러졌다가 가며 그때 벽면을 건드리고 갈 뿐이다. 열 살 가량된 아동은 입사각과 반사각 사이에는 모종의 관계가 있다는 것, 하나가 달라지면 다른 것도 달라진다는 것을 막연하게 안다. 조금 더 나이가 든 아동은 두 각 사이에는 어떤 고정된 관계가 있다는 것을 알며, 대개는 그 두 각이 직각을 이룬다고 말한다. 마침내 13살이나 14살 된 아동은 입사각과 반사각이 같다는 원리를 발견한다. 이때 아동들은 흔히 딱총을 벽면에 수직으로 쏘아서 공이 딱총으로 똑바로 튀어 나오는 것(입사각＝반사각＝90°)을 보아 이 원리를 발견한다. 이 보기에서 당구의 입사각과 반사각이 같다는 현상을 보는 하나하나의 관점은 모두 앞에서 말한 뜻에서의 〈조작〉의 결과이며, 아동의 사고방식은 곧 아동이 자기의 눈에 비친 현상을 어떤 방식으로 종합하는가에 따라 좌우된다.

조작은 〈내면화〉되어 있고 〈가역성〉인 성격을 가지고 있다는 점에서 단순한 동작이나 목표지향적인 행동과 다르다. 〈내면화〉되어 있다는 것은 아동이 문제를 해결하고자 할 때 실지 동작으로 시행해 볼 필요가 없이 〈머리속으로〉 시행해 볼 수 있다는 뜻이다. 이것이 바로 실제 세계의 현상을 〈머릿속에〉 넣는다는 뜻이다. 조작이 〈가역성〉인 성격을 가지고 있다는 것은 조작의 특징 그 자체에 비추어 명백하다. 조작은 그 반대되는 조작에 의하여 상살 (相殺)될 수 있다는 특징, 소위 〈완전 상살〉이라는 특징을 가지고 있다. 조작을 할 수 있는 단계에 이른 아동은 구슬을 몇 개의 작은 무더기로 나누어 놓으면 그것을 도로 모아 원래의 무더기로 되돌릴 수 있다는 것을 직관적으로 파악한다. 또한, 천칭 저울에서 저울추를 너무 멀리 갖다 놓았기 때문에 저울이 기울어지면, 차차 저울추를 가까이 옮겨 놓거나 아니면 점점 가벼운 추를 올려놓거나 하여 평형을 회복할 수 있다(그렇지만 아동은 때로 가역성을 지나치게 밀고 나가서 불에 탄 종이도 원상으로 복구될 수 있다고 생각한다).

구체적 조작의 출현으로 아동은 조작의 기초가 되는 내면화된 정신구조를 가지게 된다. 천칭 저울의 보기에 비추어 보면, 정신구조란 바로 아동의 마음속에 들어 있는 저울 눈금의 배열이다. 이러한 정신구조는 지적 활동에서 본질적인 중요성을 가지고 있다. 정신구조는 앞의 당구대 예에서 보듯이, 아동이 세계를 지각 내지 표현하는 내면화된 상징적 체계이다. 아동이 어떤 개념이나 원리를 이해하는 것은 그 개념이나 원리가 자기의 정신구조로 〈번역〉될 때이다.

구체적 조작 단계의 아동은 〈분류〉의 논리적 구조를 파악할 수 있다. 그러나 〈분류〉나 〈관계〉를 파악하는 것은 오직 즉각적으로 눈에 보이는 실재(實在)를 구조화하는 수단에 지나지 않는다. 이 단계의 아동은 자기가 눈으로 보는 사물을 분류하거나 그 사이의 관계를 파악할 수는 있지만, 직접 눈으로 볼 수 없거나 직접 경험할 수 없는 가능성의 세계는 아직 다룰 수가 없다. 이 말은 구체적 조작 단계의 아동은 아직 일어나지 않은 일을 미리 예상할 수 없다는 뜻이 아니라, 어떤 주어진 시점에서 일어날 수 있는 모든 가능성을 체계적으로 상상(想像)할 수 없다는 뜻이다. 이 단계의 아동은 당장 눈앞에 보이는 실재를 초월하여 그 이외에 어떤 일들이 또 일어날 수 있는가를 체계적으로 상상할 수 없다. 열 살과 열네 살 사이에 아동은 지적 발달의 셋째 단계로 넘어간다. 이 단계는 제네바학파가 〈형식적 조작 단계〉라고 부르는 단계이다.

이 셋째 단계에서 아동의 지적 활동은 직접 눈앞에 보이는 것, 직접 경험한 것에 얽매이지 않고 가설적 명제를 조작하는 능력을 가지게 된다. 이제 아동은 가능한 성질이나 모습이 변하는 원인들을 생각할 수 있고 나아가서는 가능한 관계를 추리해 내어 그것을 실험이나 관찰로 검증해 볼 수도 있다. 이 단계에서 아동의 지적 활동은 논리학자나 과학자나 그 밖에 추상적인 사고를 하는 사람들과 똑같은 종류의 논리적 조작을 나타낸다. 이 단계에 와서 아동은 구체적인 경험에 기초를 둔 아이디어를 〈형식적(形式的)〉으로 또는 명제적(命題的)으로 표현할 수 있다. 이전 단계에선 그런 구체적인 아이디어는 아동의 문제해결에 도움이 되기는 했지만, 아동이 그 아이디어를 기술하거나 형식적인 명제로서 이해할 수는 없었던 것이다. 이상에서 설명한 지적 발달의 세 단계를 한 가지 실험 사태, 즉 앞에서 이미 언급한 〈천칭 문제〉에 비추어 설명하면, 다음과 같다. 이 실험 사태에서 문제는 아동이 어떤 단계를 거쳐 〈무게×거리=무게'×거리'〉라는 원리를 발견하는가 하는 것이다. 전조작 단계의 아동은 무게와 거리 사이에서 아무런 관계를 느끼지 못하고 〈어쩌다가〉 평형이 될 때도 있다고 막연히 생각하거나, 자기 손으로 한 쪽을 눌러 평형을 유지하려고 한다. 구체적 조작 단계의 아동은 특정한 거리 1에서 무게 1과 거리 2에서 무게 2가 평행을 유지한다는 것은 알지만 무게와 거리를 체계적으로 바꾸어 가면서 〈무게×거리=무게'×거리'〉라는 법칙을 형성할 수는 없다.

구체적 조작 단계에 있을 때, 아동은 수학과 과학과 인문학과 사회과학의 여러 기본적 아이디어를 직관적으로 또 구체적으로 파악할 수 있다. 그러나 아동이 그런 아이디어를 파악하는 것은 오직 구체적 조작에 의해서이다.

예를 들면, 초등학교 5학년 아동(구체적 조작 단계)은 고등 수학의 원리가 담겨 있는 장난감을 가지고 놀이를 함으로써 이 원리를 귀납적(歸納的)으로 깨달을 수 있고 또 이 원리를 응용하여 놀이를 해 나갈 수 있다. 말하자면 이 아동은 그 수학적인 원리에 따라 자기의 행동을 이끌어 나갈 능력을 충분히 가지고 있는 것이다. 그렇지만 만약 이 아동에게 장난감에 담겨 있는 수학적인 원리를 공식으로 표현하게 하거나, 공식으로 표현하여 가르치려고 하면, 이 아동은 오리무중에 빠지고 말 것이다. 우즈 호울 회의를 하는 동안에 우리는 초등학교 5학년 아이들로 하여금 쉽게 함수론(函數論)의 핵심 개념을 파악시키기 위한 시범수업을 참관하였다. 이때 만약 교사가 아동들에게 함수론이란 어떤 것인가를 수학적으로 설명하려고 했다면, 그것은 분명히 헛수고에 그치고 말았을 것이다. 나중에 적당한 발달단계가 되면, 또 구체적 조작의 연습을 충분히 거치고 나면, 그러한 수학 공식을 가르칠 시기가 무르익게 될 것이다.

기본 개념을 가르치는 데 있어서 가장 중요한 것은 아동의 구체적 조작의 사고방식으로부터 지적으로 보다 적절한 사고방식으로 점진적으로 이행할 수 있도록 도와주는 일이다. 그러나 이 일을 하기 위하여 먼저 논리학에 입각한 수학적 설명을 형식적으로 제시하려고 하는 것은 부질없는 것이다. 이러한 설명은 아동의 사고방식과는 너무나 거리가 멀고 아동의 사고내용에 아무것도 시사(示唆)하는 바가 없는 것이다. 오늘날 수학 수업의 대부분은 이런 종류의 것이다. 이런 수업에서 아동은 수학적 질서의 이해를 배우는 것이 아니라 계산방법이나 해법을 아무 의미나 관련도 모르고 맹목적으로 적용하는 것을 배운다. 말하자면 그러한 해법이 아동의 사고방식으로 〈번역〉되지 않은 것이다. 이렇게 출발을 그르쳐 놓으면 아동은 곧 〈정확한〉 것만이 중요한 일이라고 믿게 되며 여기서 아동이 생각하는 정확성이란 수학적인 정확성이라기보다는 계산상의 정확성이다. 이런 현상을 가장 단적으로 보여주는 보기는 아마도 중학교 학생들이 처음으로 유클리드 기하학(幾何學)을 배울 때일 것이다. 이때 학생들은 단순한 기하적 도형을 다루어 본 경험도 없고 그것을 다룰 수 있는 직관적인 수단도 없이, 일련의 형식적인 공리(公理)와 정리(定理)를 배워야 한다. 만약 학생들이 그 전에 자기의 지적 수준에 알맞은 직관적인 기하학을 통하여 기본 개념과 원리를 배웠더라면 그런 공리나 정리의 의미를 훨씬 깊게, 또 쉽게 이해할 수 있을 것이다.

그러나 아동의 지적 발달은 마치 시계가 돌아가듯 기계적인 사건의 연속이 아니다. 그것은 또한 환경, 특히 학교 환경의 영향을 받는다. 그리하여 가장 초보 단계에 있어서도 과학적인 아이디어의 교육은 아동의 지적 발달과정을 맹목적으로 답습(踏襲)할 필요는 없다. 교육은 또한, 아동이 서서히 지적 발달을 이룩해 나갈 수 있도록, 힘에 알맞은 정도로 힘에 겨운 학습 기회를 제공해 줌으로써 지적 발달을 이끌어 나갈 수 있다. 이때까지의 경험에 비추어 보면, 아동이 자라나는 동안 아동으로 하여금 그 다음 발달단계의 학습 과제에 접하도록 해줌으로써 다음 발달단계로 이끌어 가려는 노력은 충분히 가치가 있다. 가장 노련한 초등 학교 수학교사라고 할 수 있는 데이비드 페이지 (David Page)가 말했다시피 유치원에서 대학원에 이르는 학생들을 가르치는 동안, 나는 연령층의 고하를 막론하고 인간의 지적 활동이 비슷하다는 점에 놀라움을 금할 수 없었다. 다만 어린이들은 어른들보가 더 자발적이고 창의적이고 정력적이라고 할 수 있을 것이다. 내가 보는 바로는, 어린이들은 거의 무엇이든지, 만약 어린이가 알아듣는 말로 주어지면, 어른들보다 훨씬 빨리 할 수 있는 것 같다. 수학의 자료를 어린이가 알아듣는 말로, 또 재미있게 제시하는 데는 궁극적으로 수학 자체를 알아야 하며, 수학을 더 잘 알면 그만큼 수학을 더 잘 가르칠 수 있다. 〈이 수학 문제는 고등학교 2학년 수준에 적당하다〉식으로, 특정한 수학문제에 절대적인 곤란도(困難度) 수준을 매기는 것은 조심스럽게 생각해야 할 문제이다. 내가 수학자들에게 초등 학교 4학년 아동들이 〈집합론〉으로 깊이 들어갈 수 있다고 말하면, 몇몇 사람들은 〈물론〉이라고 하고 대부분의 사람들은 깜짝 놀란다.

깜짝 놀라는 사람들은 〈집합론〉이란 본질적으로 어렵다고 생각하는 사람들이며 이들은 완전히 잘못 생각하고 있다. 그러나 사실인즉 본질적으로 어렵다는 것은 어불성설 (語不成說)이요, 오직 우리가 올바른 관점과 그것을 제시하는 올바른 언어를 모를 뿐이다. 어떤 특정한 교과나 특정한 개념을 가르치고자 할 때, 우리는 자칫하면 시시한 질문을 하게 되거나 아동들로 하여금 시시한 질문을 하도록 이끌게 된다. 자칫하면 아동들이 도저히 대답할 수 없을 만큼 어려운 질문을 하게 된다. 대답을 할 수 있는 질문이면서 동시에, 그것을 대답하는 동안에 무엇인가 배우게 되는 중간 정도의 질문을 하는 것이 중요하다. 교사와 교과서의 역할은 바로 여기에 있다. 이런 잘 정련(精鍊)된 〈중간 질문)으로 아동은 지적 발달 단계를 거쳐 보다 빠르게 수학 · 물리 및 역사의 원리를 이해하게 된다. 이 일이 이루어지는 과정에 관하여 우리는 훨씬 더 많이 알아야 한다.

제네바의 인헬더(Inhelder) 교수는 우즈 호울 회의에서 주로 수학과 물리 분야에서 아동이 여러 가지 지적 발달단계를 더 빨리 지나갈 수 있도록 하려면 어떻게 하는가 하는 질문을 받고 회의에 참석한 사람들에게 그녀의 의견을 짤막한 보고서로 발표하였다. 그 보고서 중의 일부를 제시하면 다음과 같다. 쉽게 알 수 있겠지만 이하의 보고내용은 모두 삐아제와 그의 동료들에 의한 실험 결과를 기초로 한 것이다.

논리적인 것, 산수적(算數的)인 것, 기하적(幾何的)인 것, 또는 물리적인 것을 막론하고 추리(推理)의 가장 기본적인 형식은 〈양(量)의 불변(보존)의 원리〉에 기초를 두고 있다. 말하자면 전체는 그 부분이 어떻게 배열되어 있든지, 그 모양을 어떻게 바꾸든지, 공간적으로 시간적으로 어떻게 위치를 바꾸든지 그대로 있다는 원리이다. 불변의 원리는 원래 선험적(先驗的)인 마음의 장치도 아니며 순전히 경험적인 관찰의 결과도 아니다. 아동은 과학자들이 과학적인 발견을 할 때와 비슷한 방법으로 불변의 원리를 발견한다. 아동이 불변의 개념을 이해하는 데는 여러 가지 어려움이 있으며, 이 사실을 흔히 교사는 모르고 있다. 어린 아동에게는 수(數)·공간적 크기·물리적 양 등이 언제나 일정한 것으로 보이는 것이 아니라, 우리가 어떤 조작을 가하는가에 따라 팽창하기도 하고 수축하기도 하는 것으로 보인다. 상자에 들어 있는 구슬의 수는 두 무더기, 세 무더기, 또는 열 무더기로 갈라놓더라도 그 총수는 같다는 어른에게는 아주 명백한 이 사실이 어린 아동에게는 그토록 이해하기 어려운 것이다. 어린 아동은 변화가 오직 한쪽 방향으로만 일어나는 것으로 지각하며, 변화하더라도 어떤 근본적인 모습은 변화하지 않는다든가, 만약 변화하더라도 그 변화는 원래의 모양으로 돌이킬 수가 있다(즉, 〈가역적(可逆的)〉이다)는 생각을 하지 못한다.

아동의 불변 개념에 관한 많은 연구 결과 중에서 몇 가지 보기를 들면 우리는 그 불변 개념을 아동에게 가르칠 때 어떤 자료를 쓸 수 있는가를 알게 될 것이다. 아동으로 하여금 일정한 수의 구슬이나 일정한 양의 물을 높고 좁은 그릇과 낮고 넓은 그릇으로 이리저리 나누어 담게 한다.

어린 아동은 예컨대 좁은 그릇에 들어 있는 것이 낮은 그릇에 들어 있는 것보다 많다고 생각한다. 그 다음에 이 아동 자신으로 하여금 같은 양을 두 개의 다른 그릇에 담아 보도록 함으로써 물이나 구슬의 양은 그릇의 모양이 어떠한가에 관계없이 동일하다는 것을 구체적으로 관찰하게 한다. 이것을 관찰하는 방법은 어렵지 않다. 구슬은 세어 보면 될 것이요, 물은 어떤 표준에 비추어 재어 보면 될 것이다. 공간적인 양의 보존 개념도 마찬가지 원리로 가르칠 수가 있다. 즉, 길이가 다른 몇 개의 막대기, 넓이가 다른 몇 개의 판대기나 같은 수의 나무토막을 여러 가지 다른 모양으로 쌓으면서 가르칠 수가 있는 것이다. 물리적인 현상에서는 설탕을 물에 융해하거나 양이 일정한 찰흙의 모양을 여러 가지로 바꿈으로써 마찬가지 원리를 가르칠 수 있다. 만약 우리가 아동을 가르친 결과, 아동이 감각적인 지각에 기초를 둔 원시적인 사고방식에서 불변 개념에 기초를 둔 올바른 직관으로 확실하게 넘어갈 수가 없었다고 하면, 아동은 셈을 셀 수는 있다 하더라도 수량의 불변 개념이 없이 맹목적으로 세게 될 것이다. 또는 기하학적인 측정치를 쓰기는 하되, 만약 A가 B를 포함하고 B가 C를 포함하면 A도 C를 포함한다는 〈이행(移行)의 조작(操

作)〉은 알지 못할 것이다.

(예컨대, 〈철수(C)는 한국인 (B)이고 한국인은 사람(A)이므로 철수도 사람이다.) 물리학에서 아동은 무게·부피·속도·시간 등 물리적인 개념을 정확하게 이해하지도 못하면서, 그런 부정확한 개념으로 여러 가지 맹목적인 계산을 할 것이다. 교육방법에서 아동의 자연적인 사고과정을 충분히 고려한다면, 우리는 아동으로 하여금 그러한 불변의 원리를 스스로 발견하도록 할 수 있을 것이다. 이때 아동은 구체적인 자료를 다루는 경험을 통하여 자기 자신의 원시적인 사고방식을 벗어날 기회를 가지게 된다. 말하자면 아동은 높고 좁은 그릇에 든 물이 낮고 넓은 그릇에 든 물보다 많아 보이지만 실상은 두 그릇에 든 물의 양이 같다는 것을 알게 되는 것이다. ≪구체적인≫지적 활동에서 ≪형식적인≫지적 활동으로의 점진적인 이행과정에서 아동은 수학과 논리의 가역적인 조작에 필요한 정신적 역동성(力動性)을 갖추게 된다. 아동은 점차로 어떤 변화가 그 역조작에 의하여 말소(抹消) 되거나―덧셈이 뺄셈에 의하여 말소되듯이―아니면 어떤 변화가 상호보상적인 변화에 의하여 상살(相殺) 된다는 것을 느끼게 된다.

아동은 흔히 한 번에 현상의 한 쪽 측면만 집중적으로 생각하기 때문에 그 현상을 잘못 이해하게 된다. 한 현상을 올바로 이해하기 위해서는 대개 몇 가지 측면을 동시에 고려해야 하기 때문이다. 이것은 실험을 통하여 간단하게 가르칠 수 있다. 7살 가량 된 아동은 두 대의 자동차의 속도를 서로 비교할 경우에 종착점에 먼저 도달하는 자동차가 더 빠르다든가, 다른 자동차를 추월하는 자동차가 더 빠르다고 생각한다. 이런 그릇된 사고방식을 고쳐 주기 위해서 우리는 장난감 자동차를 써서, 출발점이 다를 경우에는 어느 것이 종착점에 먼저 오는가만 보아서는 그것이 더 빠르다고 할 수 없으며, 한 대가 다른 한 대를 추월한다 하더라도 빙빙 돌기만 해서는 종착점에 먼저 올 수 없다는 것을 보여 줄 수 있다. 이것은 간단한 연습이지만, 이런 것을 통하여 아동은 한 사태에서 몇 가지 측면을 동시에 고려할 줄 알게 된다.

이 모든 것을 볼 때, 예컨대 유클리드 기하(幾何)나 측정기하(測定幾何)를 초등학교의 마지막 시기에 가서 비로소 가르친다고 하는 것은 아무 근거가 없는 판단이며, 또 십중팔구 그릇된 판단이다. 특히 투영기하(透影幾何)를 그 전에 가르치지 않은 경우에는 더욱 그러하다. 물리학의 경우도 마찬가지여서, 물리학 중의 상당한 부분은 귀납적이고 직관적인 수준에서 가르친다면 현재보다 훨씬 일찍 가르칠 수 있다. 수학이나 물리학의 기본 개념은, 만약 그 개념을 수학의 학문적인 표현방식으로 표현하는 것이 아니라, 아동이 스스로 다룰 수 있는 자료를 써서 가르친다는 것을 전제로 하면, 일곱 살에서 열 살에 이르는 아동들에게 완전히 이해시킬 수 있다. 그러나 이 전제는 아주 중요한 전제이다.

또 한 가지, 특별히 수학 교육과정의 선후관계에 관련된 문제가 있다. 흔히 한 교과에 관한 아동의 지적 발달의 계열(系列)은 그 교과에 나오는 개념의 역사적 발달 순서보다는 그 교과 자체내의 논리적 순서에 더 가깝다. 예컨대 한 도형이 다른 도형에 접해 있다든가, 떨어져 있다든가, 안에 들어 있다든가 하는 위상적(位相的) 개념은 유클리드 기하나 투영기하의 개념보다 수학사상으로는 나중에 발달한 개념이지만 아동의 발달 과정상으로 보면 먼저 형성된다. 사실, 한 교과의 구조를 가르칠 때, 그 자체의 올바른 논리적 순서를 따라 가르칠 것인가, 아니면 역사적 발달의 순서를 따라 가르칠 것인가를 결정하는 데 있어서 만약 전자를 택할 이유가 있다고 하면 바로 이것이 그 이유이다. 그렇다고 해서 학문의 역사적 발달이 문화적인 또는 교육학적인 관점에서 중요시되어야 할 경우가 전연 없다는 뜻은 아니다.

투시(透視)와 투영(透影)에 관한 기하학적인 개념을 가르치는 데 있어서도 실험과 시범은 중요한 역할을 한다. 이런 실험과 시범을 통하여 아동은 구체적인 경험을 분석하는 지적 조작 능력을 훈련할 기회를 가지게 된다. 우리는 한 가지 실험에서 지름이 다른 여러 개의 둥근 반지를 촛불과 벽 사이의 여러 지점에 놓고 벽 위에 반지의 그림자가 여러 가지 크기로 나타나는 것을 아동으로 하여금 관찰하도록 하였다. 아동은 반지 그림자의 크기가 광원(光源)에서 반지 사이의 거리에 따라 달라진다는 것, 다시 말하면 광원에서 반지 사이가 가까울수록 그림자의 크기가 커진다는 것을 알게 되었다. 이와 같이 간단명료한 사태에서 빛과 그림자의 관계를 구체적으로 경험하도록 함으로써 우리는 아동에게 투영기하에 스며 있는 기본적인 아이디어를 다루는 능력을 가르칠 수 있고 이것을 통하여 마침내 아동은 그 아이디어를 이해할 수 있게 될 것이다.

위에서 든 몇 가지 보기에서 우리는 과학과 수학의 기본적인 아이디어를 종래보다 훨씬 어린 나이의 아동에게 가르치는 방법을 고안해 낼 수 있다는 생각을 가지게 된다. 이 어린 나이야말로 체계적인 교육을 통하여 나중에 중등학교 수준에서 매우 유용하게 사용될 기본 사항의 바탕을 닦는 시기이다.

　통계적 추리는 현대 과학의 어디서나 쓰이는 중요한 측면이지만, 현재의 교육제도 하에서는 대학에 들어가기 이전의 학생들에게는 거의 가르치지 않고 있다. 이와 같이 통계가 학교 과목에서 빠져 있다는 것은 거의 모든 나라에서 학교 교과가 상상할 수 없을 정도로 과학적인 진보에 뒤떨어져 나아간다는 사실 때문일 것이다. 그러나 그것은 또한, 표면상 무질서하게 일어나는 현상(또는 난사상(亂事象))을 이해하기 위해서는 먼저 사건이 아주 〈희귀하다〉든지 〈빈번하다〉든지 하는 것이 무슨 뜻인가를 이해해야 한다는 일반적인 통념 때문이기도 하다. 우리의 연구 결과를 보면, 난사상(亂事象)을 이해하는 데 오히려 어린 아동들이 쉽게 이해할 수 있는 몇 가지 구체적인 논리적 조작─물론 이런 조작에는 난잡한 수학적인 표현이 배제되어 있어야 한다―을 사용하는 능력이 필요하다. 이러한 논리적 조작 중에서 가장 중요한 것은 이접(離接)(A가 진(眞)이거나 아니면 B가 진이다)과 결합(A도 진이고 B도 진이다)이다. 제비를 뽑는 놀이, 루울레트 놀이, 그리고 그 결과가 가우스 분포로 예측될 확률성의 한 부분이라는 생각은 나중에 가서야 비로소 알게 된다. 확률을 불확실성으로 아는 것이나 확실성의 한 부분으로 아는 것은 모두 아동의 확률이론에 나오는 확률 계산법이나 공식적인 표현의 방법을 배우기 이전에 할 수 있는 일이다. 확률적인 성격을 가진 문제에 대한 흥미는 통계적인 과정이나 계산법을 도입하기 이전에 아동에게 개발 발전시킬 수 있다. 통계적인 조작이나 계산은 이 방면에 관한 직관적인 이해가 생기고 난 〈뒤에〉 사용될 도구에 불과하다. 만약 계산에 관한 여러 가지 지엽적(枝葉的)인 내용을 먼저 가르치면 십중팔구 확률적 추리의 발달은 저해되거나 완전히 정지될 것이다.

이 모든 것에 비추어, 누구든지 학교교육의 최초 2년 동안 논리적인 덧셈·뺄셈·곱셈·포함·계열화 등등의 기본 조작을 드러낼 수 있도록 여러 가지 물체를 다루고 분류하고 순서에 따라 늘어놓은 연습을 시키는 것이 효과적이 아닐까 하는 생각이 들 것이다. 왜냐하면, 이런 논리적 조작이야말로 수학과 과학의 모든 분야에서 보다 특수한 조작과 개념의 기초를 이루는 것이기 때문이다. 사실인즉 그러한 조기 과학 및 수학 〈사전교육과정〉은 아동으로 하여금 수학과 과학의 주요 개념을 직관적으로, 또 보다 귀납적으로 이해할 수 있도록 해줄 것이며 아동은 이러한 이해를 기초로 나중의 본격적인 수학과 과학 코스를 배우게 될 것이다. 우리의 의견에 의하면 이러한 교육방법의 효과는 과학과 수학 교육에 연속성을 부여한다는 것과 또한, 아동으로 하여금 기본개념을 보다 잘, 또 보다 확실하게 이해하도록 한다는 것이다. 만약 이런 조기(早期)의 기반이 없을 때 아동은 나중에 그 기본개념을 입에 올릴 수는 있되 그것을 전혀 효과적인 방법으로 사용할 수 없을 것이다.

말할 것도 없이 사회생활과 문학에도 이와 비슷한 방법을 쓸 수 있다. 아동이 이런 과목에 어떤 종류의 개념을 가지고 들어오는가에 관해서는 단편적인 관찰은 많으나 본격적인 연구는 별로 이루어지지 않았다. 아동에게 문학 형식의 구조를 가르치려고 하면, 이야기의 첫 부분을 읽어 주고 그 이야기를 희극(喜劇)이나 또는 소극(笑劇)으로—
이런 용어를 쓰지 않고—완성하라고 할 수 있을까? 예컨
대 〈역사적 경향(傾向)〉이라는 개념은 언제 발달하며, 이
개념을 알기 위해서는 그 전에 무엇을 알아야 하는가? 아
동으로 하여금 문체에 대한 관심을 가지도록 하려면 어떻
게 할 것인가? 아마 같은 내용을 완전히 다른 문체로 써서
보여주면—비어보옴(Beerbohm) 『크리스마스 화환(花環)』
(Christmas Garland)에서와 같이—아동은 문체의 개념을 이해
하게 될 것이다 그러나 어쨌든, 사회생활과나 문학이라고
해서, 지적으로 올바른 형식으로 표현하면 어떤 발달 단계
에 있는 어떤 아동에게도 가르칠 수 있다는 가설을 의심할
이유는 하나도 없다.

여기서 우리는 즉시 〈수업의 경제성〉이라는 문제에 직
면한다. 즉, 아동이 13살이나 14살 될 때까지 기다렸다가
기하(幾何)를 가르치기 시작하면, 투영(投影)과 같은 직관적
(直觀的)인 기하를 가르친 뒤에 그 즉시로 본격적인 형식을
갖춘 기하 수업을 할 수 있기 때문에 오히려 더 좋지 않겠
는가 하는 것이다. 아동들을 귀납적인 방법으로 가르쳐서
아동들로 하여금 기본적인 지식을 발견하게 한 연후에 그
교과의 형식적인 조직을 알도록 하는 것이 과연 가치 있는

일인가? 인헬더 교수는 그녀의 보고서에서 초등 학교 1, 2학년 동안은 수학이나 과학 수업의 기초가 되는 기본적인 논리적 조작(〈분류〉와 〈관계〉)을 훈련시키는 데 보내야 한다고 제의하였다. 이때까지의 증거는 그러한 엄밀하고 적절한 조기 교육을 받으면 나중의 학습을 더 쉽게 할 수 있다는 것을 보여주고 있다. 실상 〈학습 타성(惰性)〉(우리가 어떤 내용을 학습한 결과로, 다음에 그와 비슷한 내용을 학습할 〈방법〉까지 학습하게 되는 현상을 가리키는 말이다.)에 관한 여러 실험은 바로 이 점을 보여주고 있는 것이다. 즉, 우리가 학습할 때는 특수한 학습내용뿐만 아니라 학습하는 방법도 학습한다는 것이다. 훈련이 그 자체로서 중요한 것을 보여주는 것으로 손상(損傷)을 입혔을 때, 훈련을 받은 원숭이는 그렇지 않은 원숭이보다 훨씬 해(害)를 덜 입고 회복하는 속도도 빠르다는 사실을 들 수 있다. 그러나 아동에게 조기 교육을 하는 데는 또한, 원래의 올바른 아이디어를 죽이고 그릇된 아이디어를 심어 줄 위험도 있다. 이 문제에 대해서는 아직 아무런 연구 결과가 없고 앞으로 연구되어야 한다.

학습하는 행위

교과를 학습할 때는 세 가지 과정이 거의 동시에 일어난다고 볼 수 있다. 첫째 과정은 새로운 지식을 〈획득〉하는 과정이다. 흔히 그전에 막연하게 또는 명백하게 알고 있던 지식과는 반대되는 지식이 그전의 지식을 대치하는 수도 있다. 이런 경우에 지식의 〈획득〉이라는 말을 쓰기가 어색하지만, 적어도 그전 지식의 정련(精練)이라는 뜻에서, 일종의 획득이라고 말할 수 있을 것이다. 예컨대 뉴톤의 운동 법칙을 배운 학생은 자기의 오관(五官)으로 느끼던 것과는 판이하다는 것을 알게 된다. 또는 〈에너지의 손실〉이라는 말에 나타나 있듯이, 우리는 마치 에너지가 〈손실〉되는 것처럼 생각하고 있으나, 물리에서 에너지 불멸의 법칙을 배운 학생들은 그런 생각이 잘못되었다는 것을 알게 된다. 대개의 경우에는 종래의 생각과 새로 배운 것 사이에 이처럼 현격한 차이는 없다. 예컨대 인체의 혈액순환을 자세하게 배울 때, 학생들은 이미 혈액이 순환한다는 것을 막연하게, 또는 직관적으로 알고 있다.

학습의 둘째 과정은 〈변형〉의 과정이라고 부를 수 있는 것으로서, 이것은 획득한 지식을 새로운 문제 사태에 들어맞도록 조직하는 과정이다. 학습을 할 때, 우리는 지식을 소위 〈파헤쳐서〉 새로운 형식으로 외연(外延), 내삽(內揷), 변용(變容)할 수 있도록 재 조직한다. 〈변형〉이란 곧 우리에게 주어진 지식을 가지고 원래 주어진 상태 이상으로 그 지식을 다루어 나가는 방법을 말한다. 여기에서 내삽(內揷 : intrapolation)과 외연(外延 : extrapolation)은 정보의 간극을 메우는 두 가지 방법이다. 내삽은 편지의 첫 장과 끝장이 있고 가운데 부분이 없는 경우에 그 가운데 부분을 상상(想像)하여 〈끼워 넣는〉 방법이며, 여기에 비하여 외연은 편지의 처음 두 장이 있고 마지막 부분이 없는 경우에 그 두 장을 〈바깥으로 연장하여〉 마지막 장의 내용을 상상하는 방법이다.

학습의 셋째 과정은 〈평가(評價)〉의 과정, 즉 우리가 지식을 다룬 방법이 그 문제 사태에 비추어 적합한가를 점검하는 과정이다. 우리가 끌어낸 결론이 타당한가, 우리는 주어진 지식을 적절하게 외연하였는가, 지식의 조작과정에 무슨 결함이 없었는가, 등의 질문이 그것이다. 흔히 교사는 학습 행위의 평가를 도와주는 데 중요한 역할을 할 수 있으나, 이러한 평가는 대개의 경우에 실지로 학습의 행위가 정확한 것인가를 엄밀하게 점검하지 않고 표면상 그럴듯한가 아닌가를 판단하는 것으로 충분하다.

어떤 교과를 학습하든지간에 학습은 보통 일련의 에피소드를 따라 진행되며 각각의 에피소드는 앞에서 말한 세 가지 과정으로 이루어진다. 〈광합성〉(탄소동화작용)은 생물과의 한 에피소드를 구성할 것이며 이것은 다시 〈에너지의 전환〉이라는, 보다 종합적이고 일반적인 연습 경험의 한 부분이 된다. 이상적으로 말하면 하나의 학습 에피소드는 그전에 학습한 것을 반영하면서 동시에 그 이상으로 발전할 수 있도록 하는 것이어야 한다.

하나의 학습 에피소드는 길 수도 있고 짧을 수도 있으며 아이디어를 많이 담을 수도 있고 적게 담을 수도 있다. 학생이 얼마나 오랫동안 한 에피소드를 학습할 수 있는가는 그 학생이 목하(目下) 학습에서 무엇을 얻고자 하는가에 달려 있다. 학생이 얻고자 하는 것에는 성적과 같은 외적인 보상뿐만 아니라 단순히 학습내용을 더 잘 이해한다는 내적인 보상도 있다.

학습 자료를 학생의 능력이나 필요에 맞추기 위하여, 우리는 보통 여러 가지 방법으로 학습 에피소드를 조절한다. 말하자면 에피소드의 길이를 조절하거나, 칭찬이나 우등상의 형식으로 외적인 보상을 쌓아 두거나, 아니면 학습 자료를 완전히 이해할 때 맛보게 될 경이감(驚異感)을 과장해서 보여준다. 우리가 교육과정에서 단원(單元)을 설정하는 것은 바로 이 학습 에피소드의 중요성을 인정하기 때문이다. 물론 단원 중에는 때로 아무 정점(頂點)이 없이 질 질 오래 끌고 나가는 단원도 있다. 여러 연령층의 아동에게 여러 교과를 가르치는 데 적합한 학습 에피소드를 어떻게 꾸밀 것인가 하는 문제에 대해서는 놀랍게도 연구가 부족한 실정이다. 이 방면에는 세밀히 연구해야 할 문제들이 허다하다. 그 중의 몇 가지를 살펴보면 다음과 같다.

우선 외적인 보상(報償)과 내적인 보상 사이의 균형 문제가 있다. 학습에 있어서의 상벌(賞罰 : 외적 보상)의 역할에 대해서는 종래 많이 언급되어 왔으나, 흥미와 호기심과 발견의 회열(喜悅 : 내적 보상)에 관해서는 거의 언급된 바가 없다. 교사의 의도가 학생들로 하여금 점점 더 오랫동안 한 학습 에피소드에 몰두하는 일에 익숙해지도록 하는 데 있다고 하면, 학습 내용의 이해 그 자체에서 얻는 내적 보상이 교육과정의 세부적인 설계에 훨씬 더 강조되어야 할 것이다. 학생들로 하여금 어려운 학습단원을 학습해 나가도록 하는 방안이 여러 가지로 논의되었지만, 그 중에서도 가장 등한시된 것은 아동에게 그의 지력을 완벽하게 행사할 기회를 줌으로써, 그로 하여금 완벽하고 효과적인 지적 기능에서 즐거움을 발견할 수 있도록 하는 방안이다. 훌륭한 교사는 이 즐거움이 얼마나 강력하게 학생들의 학습의욕을 자극할 수 있는가를 알고 있다. 학생들은 어떤 문제에 완전히 몰두해 있을 때의 기분이 어떤 것인가를 알아야 한다. 오늘날 학교에서 학생들이 이러한 기분을 경험하는 경우는 거의 없다. 교실에서 이런 기분을 맛볼 수 있다면, 적어도 몇몇 학생은 이 기분을 자학자습(自學自習)에까지 이끌고 갈 것이다.

학습 에피소드의 세 가지 과정, 즉 사실을 아는 〈획득(獲得)〉과정과 사실을 다루는 〈변형〉 과정과 자기의 아이디어를 점검하는 〈평가〉 과정을 각각 어느 정도로 강조해야 할 것인가 하는 데 관하여 여러 가지 문제가 있다. 그 문제 중의 하나로서, 어린 아동에게 최소 필수(必須)의 사실을 먼저 제시하고 그 다음에 그로 하여금 거기서 가장 풍부한 시사(示唆)를 뽑아내도록 하는 것이 이상적인 방법인가 하는 문제가 있다. 요컨대, 어린 아동에게 제시하는 에피소드에는 새로운 지식을 될 수 있는 대로 적게 포함시키고 그 대신 그, 지식을 스스로 활용하여 그것 이상으로 발전해 나가도록 하는 데 더 강조를 두어야 하는가 하는 문제이다. 초등학교 4학년 사회생활을 맡은 한 교사는 이 방법으로 크게 성공을 거두었다. 그 교사는, 예를 들면, 문명은 거의 대부분이 비옥한 강 연안에서 발생했다는 사실 하나만을 학생들에게 가르쳐 주고 학생들로 하여금 토의를 통하여 왜 그러한가, 어째서 문명은 산악지방에서 시작되기 어려운가를 알아내도록 하였다. 이것은 본질상 발견학습의 방법이며, 이 방법의 효과는 학생들이 스스로 지식을 만들어내고 그 지식을 다시 원래의 지식에 비추어 점검 또는 평가하며, 그러는 동안에 새로운 지식을 더 얻게 된다는 데 있다. 이것은 명백하게 일종의 학습 에피소드이며, 그것이 적용될 수 있는 범위란 확실히 제한되어 있을 것이다. 그 밖에 어떤 것들이 있으며 학습 주제에 따라, 학습자의 연령에 따라 적당한 에피소드란 따로 있는 것인가? 〈학습하는 것은 무작정 학습하는 것〉은 아닐진대, 종래의 연구문헌에는 학습 에피소드를 여러 가지로 달리해야 한다는 것이 거의 지적되어 있지 않다.

학습 에피소드의 가장 적당한 길이에 대해서는 몇 마디 상식적인 말을 할 수 있다. 아마도 이 문제는 앞으로 유용한 연구 영역을 시사한다는 점에서 흥미가 있을 것이다. 예컨대 학생이 다음 에피소드를 배울 열의를 가지도록 하자면 에피소드의 길이가 길고 알찬 내용을 담고 있을수록, 학생이 거기서 받는 내적 보상(이해했다는 기쁨)도 그만큼 커야 한다는 것은 상당히 명백하다. 극단적으로 말하여, 성적이 이해의 기쁨을 완전히 대치하고 있는 경우에, 학생들은 성적이 불필요하게 되는 순간, 즉 졸업과 동시에 학습을 그만두게 될 것이다.

또한, 교과의 구조를 더 잘 파악하고 있을수록, 학생은 그만큼 길고 내용이 알찬 에피소드를 피로감 없이 학습할 수 있을 것이다. 사실상 한 에피소드에서 학생이 감당해야 하는 새로운 지식의 양(量)이란 곧 새로 배운 지식 중에서 학생이 이미 알고 있는 것에 관련지을 수 없는 동떨어진 지식의 양(量)이다. 그리고, 우리가 앞에서 이미 살펴본 바와 같이, 이러한 동떨어진 지식을 얼마나 기억할 수 있는가 하는 데는 엄격한 한계가 있다. 어림짐작으로 말하면, 어른은 한때에 일곱 가지 정도의 동떨어진 지식들을 다룰 수 있다고 한다. 어린이의 경우에는 몇 가지나 되는지, 한심스럽게 우리는 아직 모른다.

아동을 위하여 학습 에피소드를 어떻게 꾸미는가 하는 문제에 관해서는 논의해야 할 세부 사항들이 많이 있지만, 앞에서 제시한 문제들을 보면 대강 어떤 것인가를 알 수 있을 것이다. 이 문제는 교육과정의 배열(配列)을 이해하는 데 핵심적으로 중요한 문제이니만큼, 여기에 가장 중요한 연구 영역이 있다는 것은 의심할 여지가 없다.

나선형(螺旋形) 교육과정

만약 우리가 자라나는 아동의 사고방식을 존중한다고 하면, 또 만약 우리가 학습 자료를 아동의 논리적 형식에 맞도록 세심하게 번역해 주면서, 동시에 아동으로 하여금 그 이상 나아가도록 자극한다고 하면, 우리는 그 아동이 나중에 커서 교육받은 사람이 되는 데 필요한 아이디어나 사고방식을 조기에 가르쳐 줄 수 있다. 우리는 초등학교 교과의 선정기준으로서, 그 교과는 가장 완벽한 수준으로 발전했을 때를 가상하면, 어른이 알아야 하는 것인가, 또는 아이 때에 그것을 배우면 보다 훌륭한 어른이 될 수 있는가 하는 질문을 제기할 수 있을 것이다. 이 두 가지 질문에 대한 대답이 애매하거나 부정적이면, 그 교과는 교육과정을 어지럽히는 소음(騷音)에 불과하다.

만약 이 장(章)의 첫머리에서 제시한 가설, 즉 〈어떤 교과든지 지적으로 올바른 형식으로 표현하면 어떤 발달단계에 있는 어떤 아동에게도 효과적으로 가르칠 수 있다〉는 가설이 옳다고 하면, 그것에서 논리적으로 따라 나오는 것으로서, 교육과정은 사회의 구성원들이 끊임없이 관심을 가질 가치가 있는 중요한 문제점·원리 및 가치를 중심으로 조직되어야 한다고 볼 수 있다. 문학과 과학의 경우를 예로 들어 생각해 보자. 예컨대, 만약 아동들에게 인간비극의 의미와 그것에 대한 공명감(共鳴感)을 가르쳐 주는 것이 바람직하다고 하면, 되도록 어린 나이에 비극문학을 깊이 있게 다루되 겁을 주지 않도록, 가르칠 수 있지 않을까? 여기에는 여러 가지 방법이 있을 수 있다. 즉 좋은 신화를 다시 이야기해 주는 것, 아동문학의 고전을 사용하는 것, 교육적으로 가치 있는 영화를 보여주고 해석해 주는 것 등이다. 몇 살 때 꼭 어떤 자료를 쓸 것이며, 그 효과가 정확하게 무엇인가 하는 것은 여러 방면으로 연구되어야 할 문제이다. 먼저 우리는 아동의 비극을 어떻게 보고 있는가 하는 것을 알아볼 수 있을 것이다. 여기에는 삐아제와 그의 동료들이 물리적 인과관계·도덕성·수(數) 등에 관한 아동의 사고를 연구한 것과 같은 방법이 사용될 수 있을 것이다. 삐아제의 연구방법의 가장 중요한 특색은 〈임상적(臨床的) 관찰〉이라는 데 있다. 즉, 그는 아동에게 연구내용에 관한 문제를 제시하고 그 문제에 어떻게 반응하는가를 세밀히 기록하여 그 결과를 체계화하였다. 이런 것을 알고 난 뒤에야 비로소 우리는 아동이 학습자료를 어떻게 자기 자신의 말로 번역하는가를 알 수 있으며, 또한 아동이 알아듣는 말로 학습 자료를 제시하려면 어떻게 해야 하는가를 알 수 있게 된다.

그러나, 그렇다고 해서 모든 연구 결과가 나오기까지 기다릴 필요가 없다. 유능한 교사라면 먼저 여러 연령층에 직관적으로 적당하다고 생각되는 것을 실험적으로 가르치면서, 가르치는 동안 점점 그것을 수정해 나갈 수 있을 것이다. 때가 이르면 같은 종류의 문학으로서 점점 더 복잡한 작품을 가르치거나, 그전에 다룬 작품을 그대로 다시 다룰 수 있다. 중요한 것은 나중의 수업이 그전의 수업 위에 이루어져서 비극문학에 관한 학생의 이해가 점점 명백하고 성숙된 형태를 취하도록 하여야 한다는 것이다. 문학의 형식이나 주제에 관계없이―말하자면 비극이건 희극이건, 개성을 주제로 다룬 것이건 의리를 다룬 것이건 간에―훌륭한 문학작품이라면 모두 이러한 방법으로 가르칠 수 있을 것이다.

과학에 있어서도 마찬가지이다. 만약 수(數)·측정(測定)·확률 등에 대한 이해가 과학을 공부하는 데 필수적으로 중요하다 하면, 이런 주제는 아동의 사고방식에 알맞게, 되도록 지적으로 올바르게, 또 일찍부터 가르치기 시작하여야 할 것이다. 그리고 그런 주제는 고학년에 가서 몇 번이고 다시 전개되어야 한다. 그리하여, 만약 대부분의 학생들이 고등학교 1 학년 때에 생물을 공부하게 되어 있다면, 그들은 그때 가서 생물에 관해서 아무것도 모르는 상태에서 처음으로 생물 공부를 할 필요가 있을까? 그전에, 만약 필요하다면 최소 필수(必須)의 본격적인 실험실습을 통하여, 생물학의 몇 가지 주요개념들을, 아마 정확성은 다소 모자란다 하더라도 훨씬 직관적으로 가르칠 수가 있지 않을까?

대다수의 교육과정은 적어도 그것이 계획될 당시에는, 이 장(章)에서 논의한 것과 같은 원리에 입각하여 계획된다. 그러나 교육과정이 실행될 때, 또는 교육과정이 성장하고 변화함에 따라, 그것은 원래의 원리에서 점점 떨어져서 볼품사납게 전락(轉落)해 버리는 경우가 많다. 실제 운영하는 교육과정을, 앞에서 언급 한 바와 같은 구조상의 문제에 비추어, 재음미해야 한다는 것은 결코 빗나간 주장이 아닐 것이다. 정확하게 어떤 형식으로 교육과정이 수정될 것인가 하는 것은 예측하기 어렵다. 실상 이 문제를 올바로 대답할 수 있기에는 너무나 연구가 미약하다. 우리가 제의 할 수 있는 것은 다만 이 문제에 관련된 연구가 활발하게, 또 될 수 있는 대로 빨리 이루어져야 한다는 것이다.

제4장

직관적(直觀的) 사고(思考)와
분석적(分析的) 사고(思考)

직관적(直觀的) 사고(思考)와
분석적(分析的) 사고(思考)

앞에서 우리는 교과내용에 관한 직관적인 이해가 중요하다는 것을 여러 번 지적하였다 여기서 직관적으로 이해한다는 것은 교과내용을 명백히 형식을 갖춘 언어로 표현하여 이해하는 것이 아니라는 뜻이다. 학교 공부와 시험에서는 대개 명백한 형식으로 언어화하는 능력, 언어적 또는 수학적인 공식을 재생하는 능력이 강조되어 있다. 아직 이렇다 할 연구결과가 없기 때문에, 이런 것을 강조한 결과가 나중의 직관적 이해에 방해가 되는가 아닌가는 확실히 알 수 없으며, 심지어 직관적인 이해란 도대체 무엇인지조차도 분명하지 않다. 그러나 우리는 적어도 말 못하는 천재(天才)와 말 잘하는 바보를 구별할 수 있을 것이다. 말 못하는 천재라는 것은 지적 조작을 하는 과정이나 그 결과로 이끌어낸 결론으로 보면 교과를 깊이 파악하고 있는 것 같은데도, 〈어떻게 되어서 그런지〉란 말을 잘 할 수 없는 학생을 말하며, 이에 비하여 말 잘하는 바보라는 것은, 표면상 말은 그럴듯하게 할 수 있으나 그 말이 담고 있는 아이디어를 〈적용〉할 수 없는 학생을 말한다. 이런 뜻에서, 직관적 사고의 성격을 아는 것은 교육과정의 구성과 실제 수업에 중요한 시사를 줄 수 있을 것이다.

　수학자 · 물리학자 · 생물학자, 또 그 밖의 여러 학자들은 각각의 분야에서 직관적인 사고의 중요성을 강조하고 있다. 예컨대 수학에서 직관은 두 가지 의미로 상당히 다른 뜻으로 쓰인다. 한편으로 직관적의미로 사고한다는 것은, 한 문제로 오랫동안 씨름을 한 뒤에 갑자기 해결점에 도달하며, 그렇기는 해도 아직 형식적인 말로 그것을 증명할 수 없는 경우를 말한다. 또 한편으로, 수학자로서 우수한 직관을 가지고 있다는 말은, 어떤 해답이 과연 옳은 해답인가, 또는 몇 가지 해법 중에서 어느 것이 가장 효과적인가를 재빨리 잘 추측해 낼 수 있다는 뜻이다.

　직관적 사고의 효율성을 개발하는 것은 수학과 과학의

홀륭한 교사들이 공통으로 중요시하는 목적이다. 여러 번 지적된 바이지만, 고등학교 평면기하(平面幾何)를 가르치는 데 있어서는 보통 지엽적(枝葉的)인 방법과 형식적인 증명 등등이 지나치게 강조되고 있다. 따라서 앞으로는 기하(幾何)에 대하여 우수한 직관적 느낌을 가지고 있는 학생들, 단순히 배워 얻은 증명방법을 기억하거나 그 타당성을 점검하는 기술뿐만 아니라 증명방법을 〈발견〉하는 기술을 가진 학생들을 길러 내는 데 많은 주의를 기울일 필요가 있다. 힐베르트와 코온(Hilbert ant Cohn)의 『기하와 상상력』 (Geometry and Imagination)이라는 책에서 볼 수 있듯이 기하의 실험에 도형(圖形)을 어떻게 활용할 수 있는가 하는 문제에 관해서는 별로 연구된 일이 없다. 『기하와 상상력』 에서는 가능한 경우에는 언제나 형식적 증명 대신에 시각적인 증명을 쓰고 있다. 마찬가지로 물리학에서도, 오늘날 학교에서는 대개 뉴우톤의 역학(力學)을 연역적(演繹的)으로 (또는 분석적으로) 가르치고 있으며, 적어도 물리학자들의 판단에 의하면, 직관적 이해를 개발하는 데는 그의 주의를 기울이지 않고 있다. 사실상 몇몇 물리학자들은 학생들의 직관적 사고를 개선하는 것에 못지않게 교사들의 직관적 사고를 개선하는 것도 중요한 문제라고 하였다.

그렇기는 해도, 우즈 호울 회의의 참석자 한 사람이 말했다시피, 직관이란 마치 "말을 타지 않고 경마를 잡히는" 식으로 생각해서는 잘못이다. 직관적 사고를 잘하는 사람은 날 때부터 무엇인가 특별한 것을 타고나는지는 모르나, 직관적 사고의 기초에는 반드시 그 사고내용에 관한 확실한 지식이 있어야 한다. 이 기초 지식이 없이는 직관적 사고가 그 기능을 발휘할 수 없는 것이다. 확실히 오늘날까지 학습에 관한 실험 결과를 보면, 학습 내용을 직관적으로 잘 다루는 데는 그 내용을 완전히 통달하는 일이 절대적으로 중요하다는 것을 알 수 있다.

특히 물리와 수학 교육과정의 개선에 관심을 가진 사람들은 직관적인 사고의 개발을 그 중요한 목표로 들고 있다. 다만 직관적인 사고의 개발을 위한 수업 방법을 고안해 내는 데 어떤 종류의 심리학적 지식을 기초로 할 것인가 하는 것이 문제였다. 불행하게도 직관적 사고의 성격이나 그것에 영향을 주는 요소가 무엇인가에 대해서는 전혀 체계적인 지식이 없다. 그러므로 현시점에서 가장 적절하다고 생각되는 것은 이 방면에 관하여 어떤 종류의 연구가 필요한가를 알아보는 일이다. 그러한 연구가 조금만 이루어진다 하더라도 특정한 과목, 또는 보다 넓게 교육과정 전반의 개선에 관심을 가진 사람들은 거기서 유용한 시사를 얻을 수 있을 것이다. 그러면, 우리가 대답해야 할 질문에는 구체적으로 어떤 것들이 있는가?

직관적 사고의 성격에 관한 질문은 두 가지 문제로 나누어 생각할 수 있을 것이다. 즉, 직관적 사고란 무엇인가 하는 문제와 직관적 사고에 영향을 주는 요소는 무엇인가 하는 문제이다.

분석적 사고와 직관적 사고를 대비시키면, 우리는 직관적 사고보다 분석적 사고에 관하여 훨씬 더 자세하게 알고 있다. 분석적 사고는 대개의 경우 한때에 한 단계씩 진전된다. 분석적 사고의 단계는 명백히 드러나는 단계이며, 눈 앞의 형편대로 생각하는 사람은 그 단계를 제삼자에게 충분히 기술(記述)할 수 있다. 분석적 사고를 하는 사람은 자기가 어떤 내용의 지식을 다루며 어떤 방법으로 그 지식을 다루는가를 비교적 명백히 알고 있다. 분석적 사고는 흔히 수학이나 논리, 명백한 접근계획 등을 동원하는 면밀한 연역적 추리일 수도 있고, 연구 설계와 통계 분석의 원리를 이용하여 한 단계씩 나아가는 귀납(歸納)과 실험의 과정일 수 있다.

이러한 분석적 사고에 비하여 직관적 사고는 보통 면밀

하고 명백히 계획된 단계를 따라 전개되는 것이 아니라, 전체 문제 사태의 포괄적인 지각을 기초로 하여 전개된다. 직관적 사고를 하는 사람은 어떤 과정을 거쳐서 그렇게 했는지 모르게 문제를 해결한다. 이때 얻은 대답이 올바른 것인가 잘못된 것인가 하는 것은 나중의 문제이다. 어쨌든 그 사람은 자기가 어떻게 그 대답을 얻었는지 잘 설명할 수 없고, 심지어 문제 사태의 어느 측면을 보았는지조차 모를 경우도 있다. 대개의 경우에 직관적 사고는 그 분야의 지식 또는 이때까지 우리가 써 오던 말로, 지식의 구조를 기초로 가능하다. 이 구조야말로 사고의 도약―즉, 사고에서 거쳐야 할 단계들을 뛰어넘고 지름길로 질러 가는 것―을 가능하게 한다. 그리고 이때 얻은 결론은 나중에 분석적 사고(연역 내지 귀납)에 의하여 다시 점검되어야 한다.

우리는 직관적 사고와 분석적 사고가 서로 상부상조한다는 것을 인식할 필요가 있다. 직관적 사고를 통하여 사람들은 흔히 분석적 사고로서는 도저히 해결할 수 없는 문제, 또는 해결한다고 해도 아주 시간이 오래 걸려야 해결하는 문제를 해결할 수 있다. 이렇게 직관적 방법으로 얻은 해답은 하나의 가설로서 존중되어야 하기는 하지만, 만약 가능하면, 분석적 방법으로 다시 점검되어야 한다. 사실상, 직관적인 방법으로 사고를 하는 사람은 분석적인 방법으로 사고를 하는 사람의 힘으로서는 불가능한 일, 즉 〈문제를 설명하고 발견하는 일〉을 할 수 있다. 그러나 이렇게 발명, 발견된 문제에 알맞은 형식을 부여하는 것은 분석적 사고를 하는 사람들의 일이다. 불행하게도 학교의 학습은 형식을 갖춘 내용을 다룬다는 사실 때문에 직관의 중요성이 과소평가하는 결과를 초래하였다. 지난 몇 년 동안, 특히 수학과 과학의 교육과정을 설계한 사람들은 초등학교 저학년 때부터 학생들의 직관 능력을 길러 주려면 어떻게 해야 하는가에 관하여 많은 연구가 필요하다는 것을 절감하였다. 그도 그럴 것이, 우리가 앞에서 보는바와 같이, 학생들에게 전통적인 연역법과 증명법을 가르치기에 앞서 가장 급선무가 학생들에게 교육 내용을 직관적으로 이해하도록 가르치는 일인 것이다.

그러면, 직관적 사고의 성격은 무엇인가? 명백한 것으로서, 어떤 특정한 문제해결 과정을 직관적인 사고라고 이름 붙이기란 쉬운 일이 아니며, 실상 직관적인 능력이란 이런 것이라고 규정하기도 쉬운 일이 아니다. 현 단계로 보면 바깥에 드러나는 행동으로 직관을 정확하게 정의할 수는 없다. 그렇기는 해도, 우리는 직관적 사고라는 말이 명백하고 정확하게 정의될 때까지, 또 직관적 사고가 일어날 때 그것을 알아보는 정확한 방법이 확립될 때까지 직관에 관한 연구를 지연시켜서는 안될 것이다. 이런 것은 연구의 궁극적인 목적이지 그 출발점이 아니다.

첫 출발로서는 〈과연 한 문제 해결 과정이 비교적 직관적인가 아닌가를 알 수 있는가〉하는 질문만으로 충분할 것이다. 또 하나의 방법으로서는, 어떤 사람이 즐겨 쓰는 스타일 또는 사고방식이 전체적으로 분석적(또는 귀납적)인 것인가 아니면 직관적인 것인가를 분간할 수 있는가, 그리고 문제의 성격상 분석적인 사고방식으로 더 잘 해결할 수 있는 문제와 직관적인 사고방식으로 더 잘 해결할 수 있는 문제를 분간할 수 있는가 하는 질문을 할 수 있을 것이다.

어쨌든 직관적인 사고방식과 분석적인 사고방식을 효과적 또는 비효과적이라는 것과 혼동하여 그 중의 어느 하나가 효과적이고 다른 것은 비효과적이라고 생각해서는 안 된다. 직관적 사고와 분석적 사고는 모두 효과적일 수도 있고 비효과적일 수도 있는 것이다. 뿐만 아니라 직관적 사고방식과 분석적 사고방식을, 그 결과가 신기한 것인가 평범한 것인가로 구분해서는 안 된다. 그 결과가 어떤가 하는 것은 중요한 점이 아니기 때문이다.

직관의 정의를 웹스터(Webster) 사전에서 찾아보면, 직관은 〈직접적 이해나 인지(認知)〉로 되어 있다. 여기서 〈직관적〉이라는 말은 〈간접적으로 매개(媒介)된〉 것이 아니라는 뜻이며, 결국 직관적 사고란 〈분석이나 증명의 형식적인 방법으로 매개되지 않은〉 이해와 인지를 의미한다. 말하자면 직관적 사고는 분석적인 지적 과정에 특별히 의존함이 없이 어떤 문제 사태의 의미(意味)·의의(意義), 또는 구조를 파악하는 행위를 뜻한다. 직관의 내용이 궁극적으로 옳은가 그른가는 다시 직관으로 결정되는 것이 아니라 보통의 증명방법으로 결정된다. 그러나 아이디어를 여러 가지로 결합하여, 아직 그 타당성이 확인되지 않은 가설을 재빨리 생각해 내는 것은 직관적 사고이다. 결국, 직관적 사고는 지식체계의 잠정적인 질서를 발견해 내며, 그렇게 발견한 질서는 자명(自明)한 것으로 보일지 모르나, 그것은 우리에게 무엇보다도 세계 실재를 검증해 나가는 기초 역할을 한다.

말할 것도 없이, 직관적 도약은 그 결과가 어떤 것인가에 따라 〈좋은〉 것일 수도 있고 〈나쁜〉 것일 수도 있다.

어떤 사람들은 좋은 직관을 가지고 있고 또 어떤 사람들은 직관을 행사하지 말아야 한다. 직관적 사고를 잘하는 사람들의 비결이 무엇인가 하는 것은 현재까지 알려져 있지 않지만 앞으로 좋은 연구거리이다. 또한, 단계가 명백히 드러난 분석적 사고 방법에서 단계가 명백히 드러나지 않고 거의 자동적으로 사용될 수 있는 직관적 사고방법으로 넘어가는 과정이 어떤 것인가 하는 것도 억측이 구구한 문제이다. 다만, 한 방면의 경험과 지식이 직관적 사고에 도움이 된다는 것은 의심할 여지가 없다. 그러나 이런 것이 도움이 되는 것도 몇몇 사람에 국한 되어 있으며, 누구나 경험과 지식이 있다고 해서 올바른 직관적 사고를 할 수 있는 것은 아니다. 지식의 최전선을 처음으로 탐구하는 대학원 학생들을 가르쳐 본 사람이면 누구나 왜 그렇게 생각하는지도 모르는 채 즉각적으로 그 학생들이 가지고 있는 아이디어가 훌륭하다든가, 도저히 희망이 없다든가, 그저 그렇다고 생각한 경험이 있을 것이다. 때로 그러한 생각이 옳은 경우도 있고 때로는 과거의 경험을 지나치게 믿은 결과로 실수를 범하는 경우도 있다. 어느 경우에 있어서나 그 직관적인 판단이 옳았다든가 무모했다든가 하는 것으로 판명되기에는 몇 주일, 아니 몇 달이 걸릴지도 모른다. 버팔로 대학에는 미국 현대의 일류급 시인들이 쓴 시(詩)의 초고(草稿)가 차례로 수집되어 있다. 이 초고를 자세히 검토해 보면 우리는 놀랍게도 시인이 퇴고(推稿)를 잘 하였다는 것을 즉각적으로 느끼게 된다. 그러나 어떤 점에서 퇴고가 잘 되었는가 하는 것은 흔히 꼭 집어서 말하기가 어렵거나 완전히 불가능하다. 이것은 독자에게 있어서나 시인 자기에게 있어서나 마찬가지이다.

확실히 직관적 사고의 특징을 밝히고 그 능력을 측정하는 데는 방법과 도구가 필요하며, 그런 도구를 개발하는 연구가 활발히 이루어져야 한다. 현 단계로 보면 이 방면의 연구 방법이 어떤 것이 될지 예측할 수 없다. 예컨대, 학생으로 하여금 문제를 해결하도록 하면서 자기의 문제 해결 과정이나 자기가 탐색하고 있는 여러 가지 가능성, 또는 목하 쓰고 있는 방법이 직관적 도약인가, 단계적인 분석인가, 아니면 경험적인 귀납인가를 말로 표현하도록 할 것인가? 또는 소규모의 실험이 더 적합할 것인가? 필답 검사로 직관적 사고능력을 측정할 수 있을 것인가? 이러한 방법은 모두 시행해 볼 가치가 있다고 본다.

직관적 사고에 영향을 주는 변화의 원인은 무엇인가? 확실히 직관적 사고에 개인차가 생기게 된 데는 무슨 요인이 있을 것이다. 뿐만 아니라 한 사람이 어떤 분야에는 직관적 사고능력이 있으면서 다른 분야에는 직관적 사고능력이 없는 데도 무슨 요인이 있을 것이다. 이런 요인이 무엇인가에 대하여 우리는 추측을 해볼 수 있을 따름이다. 학생들의 직관적 사고는 교사가 직관적으로 사고할 때 더 개발될 가능성이 있는가? 아마 단순한 모방 때문에 그렇게 될 가능성이 있고 아니면 좀더 복잡한 동일시 과정 때문인지도 모른다. 만약 학생들 편에 교사나 다른 어른이 직관적인 사고방법을 효과적으로 사용하는 것을 한 번도 본 일이 없다면, 학생들이 직관적인 사고방법을 개발하고 그 능력에 자신감을 가지게 될 가능성은 극히 희박하다. 교실에서 학생들이 갖는 질문에 대하여 기꺼이 추측을 제시할 수 있고 나중에 비판적인 분석을 통하여 그 추측을 기꺼이 점검할 수 있는 교사는 미리 모든 것을 분석하여 학생들에게 가르쳐 주는 교사보다 학생들에게 직관적 사고의 습성을 훨씬 잘 길러 줄 수 있다. 어떤 특정한 분야에서 다양한 경험을 가지도록 하면 그 분야에서 직관적 사고능력이 높아지는가? 한 분야에 관하여 광범한 지식을 갖추고 있는 사람들은 보다 쉽게 의사결정이나 문제해결에 직관적으로 도약하며, 나중에 그 결과 또한, 올바른 것으로 판명될 가능성이 크다. 의학에서 예를 들면, 내과 전문의는 환자를 처음 만나 몇 마디 물어 보고 간단히 진찰한 뒤에 정확한 진단을 내릴 수 있다. 물론 이 방법은 큰 잘못을 저지를 위험이 있으며 이 잘못은 젊은 수련의의 진단처럼 세밀한 단계별 분석에서 저지르는 잘못보다 더 클 가능성이 있다. 아마 이러한 경우에 직관이란 곧 몇 가지 소수의 단서(端緖)를 써서 유의한 결론을 내리는 것이라고 볼 수 있다.

그리고 이렇게 할 수 있는 것은 그 사람이 구조상으로 보아 어떤 것들이 서로 관련되어 있는가를 이미 알고 있기 때문이다. 다시, 이것은 〈임상적(직관적)인〉 예측이 〈연구적(분석적)인〉 예측보다 더 좋다든가 나쁘다는 뜻이 아니다. 두 가지는 서로 다르며 모두 유용하다는 뜻이다.

이와 관련하여, 우리는 학생들을 가르칠 때, 지식의 구조 내지 상호관련성을 강조함으로써 직관적인 사고를 촉진할 수 있는가 하는 문제를 제기할 수 있다. 수학 교육의 개선에 관심을 가진 사람들은 흔히 학생에게 수학의 구조나 질서를 이해시키는 일이 대단히 중요하다는 것을 강조하고 있다. 물리 교육의 경우도 마찬가지이다. 구조를 강조하는 이면에는 아마도 그러한 구조를 이해하면, 여러 가지 다른 이점(利點)도 있겠지만, 또한 문제를 직관적으로 다루는 능력도 더 커진다는 믿음이 들어 있을 것이다.

여러 가지 소위 〈발견적인〉(heuristic) 사고방법을 가르치는 것은 직관적 사고에 어떤 영향을 미치는가? 앞에서 말한 바와 같이, 발견법이란 본질상 그다지 엄밀하지 않은 방법으로 문제를 해결하는 방법을 말한다.

여기에 비하여 〈산술법(算術法)〉(algorithm)이란 주어진 단계를 정확히 밟으면 틀림없이 해결(도대체 그 문제가 해결될 수 있는 것이라면)에 도달할 수 있다는 것을 보장하는 그러한 문제 해결방법이다. 산술법의 해결방법이 알려져 있지 않은 경우에 우리는 발견법을 쓸 수 있다. 이것이 발견법의 한 가지 이점이다. 뿐만 아니라 산술법이 알려져 있는 경우에도 발견법은 흔히 훨씬 빠른 해결방법이 된다. 학생들에게 발견법을 가르치면 직관적 사고를 촉진할 수 있을 것인가? 학생들에게 직관적 사고방법을 다음과 같이 구체적으로 가르칠 것인가? 즉, 〈문제를 어떻게 해결해야 할지 모르겠거든, 그 문제와 비슷한 것으로 좀더 간단한 문제를 생각해 내도록 하라. 그리고 이 간단한 문제를 해결하는 방법을 기초로 하여 그 복잡한 문제를 해결하는 방법을 강구하라〉아니면, 학생들에게 이와 같이 말로 표현하지 않고 은연중에 그러한 방법을 배울 수 있도록 해줄 것인가? 물론 옛날 속담에도 있듯이, 누에가 기는 방법을 말로 해 보려고 한즉 기지 못하더라는 자연스럽게 어울리게 될 수도 있다. 직관적인 도약을 하자면 이렇게 하여야 한다는 식으로, 발견법의 규칙을 지나치게 염두에 두면 학생들은 곧 직관적 사고를 분석적 사고로 만들어 버릴 가능성이 있다. 그 반면, 일반적인 발견법의 규칙들―예컨대 비유를 쓴다든지, 대칭되는 것을 생각해 본다든지, 제한 조건을 조사한다든지, 해답을 미리 머리속에 그려 본다든지 하는 것들―을 자주 사용하면 직관적인 사고를 하는 데 도움이 되리라는 것은 거의 의심할 여지가 없다.

학생들에게 짐작을 해보도록 권장하고 또 그렇게 함으로써 궁극적으로 날카로운 추측을 할 줄 알도록 해주어야 하는가? 아마 경우에 따라서는 짐작을 해보는 것이 바람직한 경우도 있을 것이며, 또 그 결과가 상당한 정도로 직관적 사고의 발달을 촉진하는 경우도 있을 것이다. 나아가서, 추측(推測)의 종류에 따라서는 조심스럽게 반드시 개발되어야 할 추측도 있을 것이다. 그러나 오늘날 대부분의 학교에서 추측은 좌우간 게으른 것과 연관이 되어 엄하게 금지되고 있다. 물론 학생들에게 오직 〈추측만〉 하도록 교육시키려고 할 사람은 아무도 없을 것이다. 추측 뒤에는 반드시 응분의 검증과 확인이 뒤따라야 하기 때문이다. 그러나 그 반면에 추측을 너무나 엄격하게 금지한다면 그 결과는 종류 여하를 불문하고 모든 종류의 생각을 저지(沮止)할 우려가 있으며 경우에 따라 생각의 도약을 허용하지 않고 내내 같은 자리에서 맴돌게 할 우려가 있다. 학생들이 즉각적으로 정답을 말할 수 없을 바에야 멍하게 앉아 있는 것보다는 추측이라도 하는 것이 낮지 않을까? 학생들에게 추측이 어느 정도로 타당한 것인가를 알도록 약간의 훈련이 필요함은 말할 필요도 없다. 우리는 과학에서나 일상생활에서나 할 것 없이, 불완전한 지식을 기초로 행동해야 할 경우가 너무나 많다. 우리는 어차피 추측을 하게끔 되어 있는 것이다. 통계에 입각한 의사결정 이론에 의하면, 불충분한 자료에 기초를 둔 행동은 성공확률과 대가를 동시에 고려하지 않으면 안 된다고 한다. 이렇게 보면, 아마 우리는 학생들에게 추측할 때의 대가가 너무 높은 경우를 추측하지 않을 때의 대가가 너무 높은 경우와 분간할 수 있도록 가르쳐야 할 것이다.

현재 우리는 추측할 때의 대가가 높은 경우는 잘 가르치고 있으나 추측하지 않을 때의 대가가 높을 경우는 잘 가르치고 있지 않다. 학생들에게 근거(根據) 있는 추측을 하도록 연습시킬 뿐만 아니라 다른 사람이 내어놓은 추측 중에서 그럴듯한 것과 그럴듯하지 않은 것을 분간할 수 있도록, 다시 말하면 그 추측이 적어도 방향은 올바르다든가, 틀릴 확률보다는 맞을 확률이 더 크다든가 하는 것을 알도록 연습시켜야 할 것인가? 우리가 느끼는 것으로는 궁극적인 진리에서 완전한 침묵에 이르는 중간 어디 엔가에 여러 가지 선택가능성이 있다는 것을 아는 학생은 진리 아니면 침묵이라고 생각하는 학생보다 모든 사고에 상당한 이점을 가지고 있는 셈이다. 그러나 우리는 자신감에는 두 가지 종류가 있다는 것을 잊어버리지 말아야 한다. 하나는 원래 사람됨(퍼스낼리티)에서 오는 자신감이요, 또 하나는 그 방면에 지식을 가지고 있을 때 생기는 자신감이다. 만약 교육자로서 우리가 지식에서 오는 자신감을 길러 주지 않고 사람됨에서 오는 자신감만 길러 주었다고 하면, 우리는 아무것도 특별히 해 놓은 것이 없다. 교육의 목적은 자신만만한 바보를 만들어 내는 데 있지는 않을 것이다.

그렇기는 해도, 학생의 자신감과 용기가 사고를 복돋우리라는 것은 충분히 있을 수 있다. 직관적으로 사고하는 사람은 때로 올바른 해답을 얻을 수도 있지만, 때로 나중에 자기 자신이나 다른 사람이 점검해 본 결과 그 해답이 그릇된 것으로 판명될 수도 있다. 그러므로 직관적 생각을 하는 데는 문제해결 과정에서 〈정직한〉 잘못을 저지를 용의가 있어야 한다. 용기와 자신감이 없는 사람은 기꺼이 이런 모험을 감행하려고 하지 않을 것이다.

기업체들을 관찰한 결과에 의하면, 의사를 결정해야 하는 사태가 새롭고 중요한 사태일수록 사람들은 더 분석적인 방법으로 사고한다는 것을 알 수 있다. 이와 마찬가지로 만약 학생들이 그릇된 대답을 하면 너무나 심각한 결과가 생긴다고 생각하고, 또 올바로 맞추었다고 해서 결과가 별로 대단하지 않다고 생각하면, 학생들은 차라리 적합하지 않은 방법일망정 분석적 생각하는 방식 속에 웅크려 얼어붙게 된다. 이 점에서 볼 때, 오늘날 학교에서 학생들이 알고 있는 대로의 상벌체제는 실지로 학생들의 직관적 사고를 금지하는 것이 아닌가 하는 의구심이 생긴다. 학교의 성적은 보통 사실적 지식의 획득을 강조하고 있다. 이것은 주로 사실적 지식이 평가하기가 가장 쉽기 때문이다. 뿐만 아니라 학교의 성적은 정답을 강조하고 있다. 그도 그럴 것이, 교사가 〈정답(正答)〉이라고 매길 수 있는 것은 단도직입적(斷刀直入的)인 시험문제에서의 소위

〈정답(正答)〉밖에 없는 것이다. 만약 성적을 다른 방법으로 매긴다면 학생들의 직관적 사고능력이 어떻게 달라질 것인가 하는 문제에 관하여 얼마간 연구를 할 필요가 있을 것이다.

마지막으로, 직관적 사고가 특히 효과적인 경우는 어떤 경우인가를 생각해 보자. 그 과목을 통달하는 데 직관적 사고(및 나중의 검증)가 가장 도움이 되는 과목은 어느 과목인가? 또한, 대부분의 문제해결에 있어서는 직관적 사고방법과 다른 방법을 동시에 사용하는 것이 가장 좋을 것이므로, 이런 두 가지 방법을 동일한 코스에서 동일한 교육방법으로 개발할 수 있는가를 알아볼 필요도 있을 것이다. 그렇다면 우리는 여러 과목에 걸쳐 직관이 효과적으로 작용하는 방법을 조사해 보아야 할 것이다.

직관에 관한 논의가 가장 표면화하는 분야는 수학이나 물리와 같이 연역(演繹)과 귀납(歸納)의 형식적인 절차가 가장 고도로 발달한 분야이다. 수학자나 물리학자들이 〈직관(直觀)〉이라는 말을 즐겨 쓰는 것은 곧 이들이 그 학문의 조직력과 엄밀성에 대하여 자신을 가지고 있다는 것을 나타낸다. 그러나 다른 학문에서도 직관은 그만큼, 또는 그 이상으로 중요시되고 있다. 한 가지만 예를 들면, 역사가들은 역사적 사실 중에서 무엇이 중요한가를 선택해야 하느니만큼, 역사를 공부하는 데는 직관적 방법이 대단히 중요하다. 역사가들은 한 시대 동안에 일어난 일을 모두 알아내거나 기록하려고 하지 않고, 역사적인 예측에 유의한 사실들, 다시 말하면 그 사실들을 결합했을 때 그 밖에 다른 어떤 일이 일어났는가를 올바르게 추측할 수 있는 그러한 사실들만을 알아내고자 한다. 여러 학문분야에서 직관적 사고가 어떤 역할을 하는가 하는 것은 매우 유용한 연구라고 생각한다.

우리는 앞에서 잠깐 시인이나 평론가에게 직관적 자신감이 중요하다는 것을 언급하였다. 시상(詩想)을 선택하거나 비평을 형성하는 것은 근본적으로 취향(趣向)에 관한 문제이며 여기에는 구체적이고 객관적인 기준이 없는 것이다. 교사나 교과서나 교육영화가 학생들에게 이런 취향을 자신 있게 선택할 용기를 길러 주기 위하여 특별한 배려를 하기는 어렵다. 모르기는 해도 취향에 있어서의 용기는 심금(心琴)을 울리는 것, 아름다운 것, 천박한 것이 무엇인가에 관한 자기의 직관에 자신을 가지고 있을 때 생긴다. 미국과 같이 매스 미디어(대량전달(大量傳達))를 통하여 취향을 획일화하려는 압력이 그토록 심하고 개인특유의 문학 예술이 그토록 공포의 대상이 되고, 심지어 문학 예술이라는 말조차가 백면시(白眠視)되는 문화권일수록 문학과 예술의 영역에서 직관의 자신감을 길러 주는 일이 더욱 중요하게 된다. 그러나 교육에 관한 책에서는 이 분야의 연구가 거의 공백상태임을 볼 수 있다.

〈직관적〉이라는 평판을 받는 과학자에게 다른 과학자들이 극찬을 아끼지 않는 것은 과학에서 직관이 귀중한 재산이요, 또한 우리가 학생들에게 길러 주어야 할 능력임을 보여주는 증거이다. 예술과 사회과학에서도 직관은 여전히 중요한 것이다. 그러나 이러한 재질을 기르는 데 있어서의 교육학의 문제는 복잡하고도 어려우며, 이것은 교육의 문제를 연구하고자 할 때 결코 도외시할 수 없는 문제이다.

우선, 앞에서 말한 바와 같이, 직관적 사고방법은 흔히 그릇된 대답을 낼 가능성이 있다. 직관의 결과로 나온 오류(誤謬)—즉, 그릇되기는 하나 재미있는 도약—와 단순히 무지나 어리석음에서 나온 오류를 올바로 분간하는 데 교사의 감수성이 요구된다. 그리고 교사는 직관이 있는 학생에게 승인(承認)과 교정(校正)을 동시에 베풀줄 알아야 한다. 쉽게 교과서에 주어진 내용 이상으로 발전할 수 있을 만큼 자기의 담당과목에 관하여 철저한 지식을 가지라고 하는 것은 보통의 고등학교 교사에게는 다소 무리한 요구일지도 모른다. 아닌게 아니라, 더러는 학생이 교사보다도 더 지적으로 우수할 뿐만 아니라 지식도 많은 경우가 틀림없이 있을 것이다. 이 경우에 학생은 자기가 말로 설명할 수 없는 직관적인 문제해결 방법, 그리고 교사가 이해할 수 없음은 물론, 학생이 한 대로 따라 할 수도 없는 회귀한 문제해결 방법을 찾아낸다.

교사가 그러한 학생을 제대로 평가하여 상이나 벌을 준다는 것은 도저히 불가능하다. 십중팔구 그러한 학생의 노력은 무시되며, 이 〈보상받지 못하는 노력〉으로 말미암아 희생을 당하는 것은 바로 재능이 뛰어난 학생들이다. 그러므로, 직관적 사고능력을 개발하고 측정하는 방법을 고안해 내는 일과 동시에, 학급 경영상의 문제, 학생들의 그러한 재능을 권장하는 데 교사의 능력에 한계가 있다는 데서 생기는 문제에 관하여 다소간 실제적인 고려가 병행되어야 할 것이다. 여기에 관한 연구 또한 적극적으로 지원되어야 할 연구이다.

이런 실제적인 곤란한 점이 있다고 해서 심리학자나 교사들이 이 문제를 아예 포기할 것은 아니다. 일단 이 장

(章)에서 제기된 여러 가지 문제에 관하여 해답을 얻는다면 그러한 곤란한 점을 극복하기 위한 방안이 무엇인가를 훨씬 더 잘 알 수 있게 될 것이다.

제5장

학습동기(學習動機)

학습동기(學習動機)

현재 교육과정의 구성을 개선하려면 어떻게 해야 할 것인가를 알아볼 때, 우리는 불가피하게 학습 동기의 성격이 무엇인가, 또 학생들을 교육함으로써 우리가 달성하고자 하는 목표가 무엇인가를 논의하지 않으면 안 된다. 실상 이것은 거창한 문제이므로 여기서는 간단하게 생각 할 수밖에 없다. 그러나 교육과정 구성에 관계하는 몇 가지 문제점은 특히 엄밀히 검토해 볼 필요가 있다.

교육과정 계획에서 교육목표를 논의하는 데 있어서는 우리가 달성하고자 하는 장기적이고 궁극적인 목표와 그 궁극적 목표를 향하여 나아가는 데 거쳐야 할 단기적 단계를 구별하는 것이 좋다. 실제적인 사고방식을 가진 사람들은 십중팔구 궁극적인 목표를 제시하는 것은 그것만으로는 별로 의미가 없으며, 오직 그 궁극적 목표를 달성하는 단기적인 방법이 동시에 제시되어야 한다고 말할 것이다. 보다 이상주의적(理想主義的)인 생각을 하는 사람들은 즉각 이 말에 반대하면서 단기적인 교육목표만을 생각하다가는 우리가 어디로 가고 있는지를 알 수 없게 된다고 한다. 우리는 중간노선(中間路線)을 택하는 것이 좋을 것이다. 한편으로 교육의 궁극적인 목표를 명확히 하는 것은 좋은 일이지만, 또 한편으로 그 목적으로 나아가는 보다 단기적인 목적의 달성 과정에서 우리는 궁극적 목적을 부단히 재발견하게 된다. 근래 학교 교육과정을 개선하려고 하는 동안에 우리는 바로 이와 비슷한 현상을 경험하게 되었다.

과거 10 년간 교육과정의 개선을 위한 노력은 원래 순전히 물리·수학 또 그 밖의 다른 교과를 더 잘 가르치려는 의도에서 출발하였다. 즉, 최초에 아주 유능한 한무리의 물리학자들이 이 노력을 시작하게된 것은 물리학자들이 알고 있는 물리와 학교에서 가르치고 있는 물리 사이에 엄청난 차이가 있다는 느낌 때문이었다. 그리고 이 차이는 과학의 혁명적인 발전과 국가 안보의 위기 때문에 특히 중요시되지 않으면 안되었다. 그러나 차차 이 노력의 범위가 확대되고 다른 학문의 학자들도 여기에 가담함에 따라, 보다 폭넓은 목표가 드러나기 시작하였다. 즉, 교육의 목표와 내용과 방법에 관한 전반적인 재검토가 그것이다. 확실히 오늘날 미국 교육에는 〈우수하고 월등한 것〉이라는 것이 새롭게 강조되고 있는 것 같다. 〈우수하고 월등한 것〉에는 여러 가지 의미가 포함되어 있지만 그 중의 적어도 몇 가지는 교육에서 무엇을 가르칠 것인가, 어떻게 가르칠 것인가, 또 학생들의 흥미를 어떻게 일으킬 것인가 하는 문제에 관련을 맺고 있다.

〈우수하고 월등한 것의 추구하는〉 것이 재능이 뛰어난 학생에게만 국한된 것이 아니라는 것은 앞에서도 이미 말한 바 있다. 그러나 교육에서 평균수준의 학생들을 겨냥하여 모든 학생들에게 골고루 조금씩 가르친다는 것도 마찬가지로 좋은 방안이 아니다. 우리가 보기에, 문제는 우수한 학생들을 자극하면서, 동시에 우수하지 못한 학생들의 자신감과 학구열을 손상하지 않는 학습 자료를 고안해 내는 일이다. 이것이 어려운 일이라는 것은 잘 알고 있지만, 우리가 우수하고 월등한 것을 동시에 재능의 다양성을 존중하려고 하면 그 밖에 다른 방도가 없다. 이 목적에 적합한 교육과정을 준비하고 교사를 훈련하고 가능한 모든 교구를 사용하는 것이 중요하다는 데 대해서는 이미 많이 언급하였다. 이런 것은 모두 〈우수한 것〉을 달성하는 데 필요한 단계들이다. 또 하나의 중요한 단계로서, 학습동기에 관한 문제가 있다.

아널드 베넷(Arnold Bennett)의 말을 빌면, 불란서 사람들은 소녀를 버리고 여자를 살리며 영국 사람들은 여자를 버리고 소녀를 살린다고 한다. 미국 사람들은 어떻게 하고 있는가? 미국의 고등학교에서는 소위 〈동료집단(同僚集團)의 문화〉가 강조되는 나머지 어른들이 중요시하는 몇 가지 교육목표가 전연 도외시되고 있다고 한다. 과연 그러한가는 논의의 여지가 있지만, 문제는 결코 사소한 것이 아니다. 이것은 제임스 콜먼(James Coleman)과 데이비드 리즈먼(David Riesman) 등, 미국 중등교육의 사회적 측면을 연구한 사람들이 이미 지적한 것이다. 미국 고등학교 학생들이 동료학생들을 평가하는 가장 중요한 기준은 〈인기〉나 〈운동선수〉이며 〈학업성적〉은 중요한 기능이 아니라는 것이다. 미국의 청소년들 사이에 〈사회생활〉과 〈사교성(社交性)〉이 얼마나 중요한 역할을 하는가는 광고의 상당한 부분이 청소년 층을 대상으로 하고 있다는 것을 보아도 알 수 있다. 미국의 고등학교 학생에 관한 연구 결과는 특히 학생들이 동료들 사이의 〈인기〉를 〈학업성적〉보다 더 중요시하고 있다는 것을 보여주고 있다. 그러나 하버드 대학의 프랭클린 포드(Franklin Ford) 교수를 단장으로 한 하버드 대학 교수단의 『입학생 선발방법에 관한 연구보고서』(Report on Admission Policy)에 의하면 하버드 대학의 학생들 중에는 미국 동부 연안에 있는 좋은 대학입학준비학교(사립) 출신의 학생들보다 공립학교 출신들이 우등생을 더 많이 배출하고 있다고 한다. 하버드 대학의 학생들은 모두 고등학교에서 여러 모로 뛰어난 학생들이라고 보아 틀림이 없을 것이지만, 그렇다 하더라도 위의 연구 결과는 분명히 미국의 고등학교가 적어도 학생들을 장차 아무 쓸모없이 만들어 버리지는 않는다는 것을 보여주고 있다.

그러면, 오늘날 사태가 몇몇 사람들이 주장하는 만큼 비관적인 것도 아니요, 또 몇몇 사람들이 희망하는 만큼 낙관적인 것도 아니라고 하면, 우리는 학교에서의 학습동기에 관하여 어떻게 말할 수 있는가? 교육과정의 단위, 성적과 진급, 기계적인 시험 등등을 강조하는 교육은 학교학습의 연속성이나 깊이에 어떤 결과를 초래하는가?

학교 공부에 대한 전적인 무관심과 지나친 광분(狂奮) 사이 어디인가에 학습활동에 이상적인 최적 동기(動機) 수준이 있을 것이다. 그 최적 수준이란 어느 수준을 말하는가? 경쟁 사태에서 빚어지는 광적(狂的)인 공부를 성찰(省察)한다든가, 평가한다든가, 일반화할 틈을 주지 않으며, 그 반면 지나치게 질서정연하여 학생들이 각각 가만히 자기 차례를 기다리는 학습사태에서는 실증과 급기야 무관심이 빚어질 것이다. 여기에 일상 학급사태에서 부딪치는 중요한 문제가 있다. 단기적인 흥미나 관심은 보다 넓은 뜻의 장기적인 흥미나 관심에 비하여 성격이 다르다. 영화나 시청각 기재, 또는 이와 비슷한 방안은 단기적으로 학생들의 주의를 끌 수 있다. 그러나 장기적으로 볼 때 모르기는 하지만, 이러한 방안은 말하자면 막(幕)이 올라 무슨 신나는 장면이 벌어지도록 기다리는 수동적인 사람을 길러낼 가능성이 있다. 과연 그런지 우리는 아직 모른다. 또한, 사람들 중에는 어떤 방법으로든지 아동의 주의를 일단 끌어 놓으면 아동은 마침내 스스로 주의를 집중하는 경향을 가지게 될지도 모르게 되기 때문에, 단기적으로 주의를 집중시키는 방법도 나쁠 것이 없다고 생각하는 사람이 있을 것이다. 이 생각 역시 아직 이렇다 할 증거가 없다. 이 문제는 특히 미국과 같은 모든 일에 있어서 수동적인 관객의 태도가 사회적인 위험이 되고 있는 오락지향(娛樂指向)의 대량전달(大量傳達) 문화에서는 더욱 중요하다. 이러한 수동적인 관객의 문화권 안에서 능동적이고 자발적인 태도를 기르는 첫 단계는 학교에서 학생들의 학습동기를 일으키는 방법에 있다고 할 것이다.

학생들이 공부하려는 동기에는 언제나 여러 가지가 섞여 있을 것이다. 부모와 교사를 기쁘게 해주려는 동기도 있고 다른 학생과의 관계에서 생기는 여러 가지 문제도 있고, 또 스스로 교과를 통달했다는 즐거움도 있다. 흥미가 생기는 것과 동시에 세계의 문이 열리는 것이다. 학교공부는 바쁜 아동기 생활의 한 부분에 지나지 않는다. 학교공부는 아동에 따라 그 의미하는 바가 각각 다르다. 어떤 아동에게 있어서 학교공부는 부모의 승인을 얻는 길이다. 또 어떤 아동에게 있어서 학교 공부는 동년배의 세계에 한몫 끼는 길이며, 따라서 동년배와 잘 지낼 수 있을 만큼 〈적당하게〉해 나가면 충분한 것으로 생각된다. 학교는 소위 〈반지성적(反知性的)〉풍토를 나타낼 수도 있고 그 반대일 수도 있다. 이런 복잡한 현실 속에서 학교 교과는 아동이 거기서 재미를 느끼도록 미묘한 매력(魅力)을 행사하는 것이다. 학교의 복잡한 현실을 자세하게 그려내려면 그려

낼 수도 있겠지만, 그것은 우리가 모두 잘 알고 있는 것이다. 이 현실 속에서 우리는 어떻게 아동의 지식에 대한 동경(憧憬)을 일깨울 수 있을 것인가?

몇 가지 잠정적인 제안은 앞에서 연구의 필요성을 지적하는 식으로 이미 제기되었다. 그 중의 중요한 것을 들면 학습내용에 대한 내재적 흥미를 복 돋우는 것, 학생들에게 〈발견의 희열(喜悅)〉을 느끼도록 하는 것, 가르치려는 내용을 아동의 사고방식에 알맞도록 〈번역〉하는 것 등이다. 결국 이런 것들은 모두 학습 내용에 대한 아동의 흥미를 개발하기 위한 것이며, 그와 함께 지적 활동 일반에 대한 올바른 태도와 가치관을 개발하기 위한 것이다. 말할 필요도 없이 우리는 당장 실현가능한 어떤 종류의 개혁으로 국민 전체를 지적인 활동에 헌신하는 학자로 만들 수는 없을 것이며, 과연 이것이 학교교육의 가장 중요한 목적이어야 할 것인가도 의심스럽다. 우리가 말하고자 하는 것은 다만, 만약 배울 가치가 있는 내용을 학생들에게 잘 가르친다면, 현재 우리 사회에 작용하고 있는 몇 가지 노력이 학생들로 하여금 그전보다 더욱 학습 과정에 몰두할 수 있게끔 해주고 있다는 것이다. 말하자면 교육의 내적 충실에 덧붙여 이러한 사회적 세력은 학습 동기유발의 외적

(外的) 자극(刺戟)을 제공해 주고 있는 것이다.

미국의 문화적 풍토는 옛날부터 지적인 가치를 그다지 높이 평가하지 않았다. 그렇지만 하나의 국민으로서 미국 사람들은 언제나 교육에 큰 신념을 가지고 있었다. 여기에는 귀족주의의 부재(不在)라든가 개척사회에 필요한 실제적 사고방식 등 여러 가지 이유가 있겠지만 여기서 이 이유를 자세히 다룰 필요는 없다. 다만, 교육은 어른들의 운명보다도 아이들의 운명을 개선하는 수단으로 생각되어 왔다는 것이다. 아이가 그 부모들보다 좋은 교육을 받아야 한다는 것은 거의 누구나 다 가지고 있는 신념인 것이다. 그러나 이토록 교육을 중요시하면서도 우리는 그 내용에 관해서는 거의 주의를 기울이지 않았다. 말하자면 〈3R〉(읽기·쓰기·셈하기) 정도의 막연한 말이면 충분하다고 생각하였다. 우리는 행동이 바로 생각을 잘 하는 증거라고 생각하는 나라에서 살아 왔으며, 아마 서구 열강의 어느 나라 사람들보다도 더 이론(사고)과 실제(행동) 사이의 여기서 〈실제〉라는 것은 무슨 조치를 가하거나 변화를 일으키는 데 관련되는 것이며, 〈이론〉이라는 것은 그러한 조치와는 관계 없이 현상을 기술하거나 그 이유를 설명하는 데 관련되는 것이다. 예컨데 〈오늘 기온은 영하 5도이다〉라는 것은 〈이론적〉문장이며, 〈날씨가 추우니 난로를 피워야 한다〉라는 것은 무슨 조치를 요구하는 것이므로 〈실제적〉 문장이다. 이 점에서 이론과 사고와 실제는 행동과 유사어라고 볼 수 있다. 이하 〈실제적 업적〉이나 〈실제적 효과〉라는 말은 위의 뜻으로 해석하여야 한다. 간극(間隙)을 심각한 것으로 생각하였다.

만약 우리가 사고하는 사람들을 숭배한 적이 도대체 있었다고 하면, 그것은 아인슈타인의 경우와 같이 비경의 마법사를 찬양하는 경우이거나(〈아인슈타인은 불가사의의 인물이지만 역시 똑똑하기는 한 모양이야!〉), 아니면 사고의 결과로 이룩된 실제적인 업적을 칭찬하는 경우였다.

에디슨은 미국 사람들이 생각하는 과학자상 ―즉, 기술공으로서의 과학자상―의 대표적인 보기이다. 여기에 비하여 작가·시인·이론가·현자(賢者) 등은 미국 사람들의 입에 오르내리는 전설적인 인물이 되지 못하였다.

오늘날, 대다수의 미국 사람들은 단순히 교육의 실제적 효과가 아니라 교육의 내용과 질(質)―교육내용이 무엇이며 또 무엇이 될 수 있는가―에 주의를 기울이게 되었다. 이 경향을 촉진한 데는 몇 가지 요소가 있다. 첫째로, 오늘날 우리는 과학기술의 신기원인 제2차 산업혁명에 돌입하고 있다. 아마 이 제2차 산업혁명은 한 세기 전에 제1차 산업혁명보다 훨씬 더 전격적인 현상일 것이다. 통제체제(統制體制)·자동화·새로운 동력·새로운 우주의 탐험—이 모든 것이 우리에게 오늘날 학교의 성격과 거기서 다음 세대들이 무엇을 공부하고 있는가에 대한 관심을 불러 일으켰다. 둘째로, 의심할 여지가 없이 국가안보가 위협을 받고 있다는 느낌 때문에 또한, 우리는 교육에 관심을 가지게 되었다. 그리고 마지막으로, 미국에서 교육에 대한 관심이 점점 커진 이유는 미국 인구 중에서 대학졸업자들이 상당히 높은 비율을 차지하고 있다는 데서도 다소간 찾을 수 있다. 게다가 미국은 다행하게도 돈이 많은 나라이다. 오늘날 청년 중에서 대학을 졸업하는 사람들의 비율은 40년 전 고등학교를 졸업하는 사람들의 비율보다 높다. 이런 요소들이 모두 교육에 대한 관심을 새롭게 자극하였고 이 새로운 관심은 학생과 부모들이 다 같이 느끼고 있다.

오늘날 학교가 보다 심각한 지적 풍토를 가지려면 어떻게 해야 하는가, 그리고 한편으로 운동경기와 인기와 사회성, 또 한편으로 학업 중에서 어디에 더 강조를 두어야 할 것인가 하는 문제가 많이 논의되고 있다. 이때까지 학교가 학업보다도 운동경기나 인기 쪽으로 너무 기울어져 있었던 것을 도로 바로 잡으려는 노력이 전국적으로 일어나고 있다. 그 결과로 학업에 대한 선망(羨望)과 흥미는 우리가 생각하는 것보다 훨씬 빠르게 증가할 것으로 보인다. 낡은 상징(象徵)을 새로운 병에 붓는 것과 같은 재미있는 부수현상(附隨現象)조차 나타나고 있다. 예를 들면, 어떤 고등학교에서는 운동선수의 유니폼에 붙은 학교 마크(이것은 모든 학생의 선망의 대상이 되어 있다)를 학업성적이 우수한 학생에게도 달아 주고 있다. 그러나 운동경기보다 지적인 활동에 더 강조를 둔다고 해서 모든 문제가 해결되는 것은 아니다. 여기에는, 비록 시기적으로는 멀리 떨어져 있으나 궁극적으로는 훨씬 심각한, 또 하나의 문제가 있다. 이 문제에 관해서는 현재 그 효과적인 방안이 강구되어야 한다. 그 문제란 다음과 같다.

사회가 학교에 대하여 오늘날과 같은 요구를 계속 한다고 하면, 앞으로 교육제도는 반드시 몇 가지 변화를 겪게 될 것이다. 첫째로, 교과기술 및 이와 관련된 과목이 점점 더 요청된다는 것이다. 산업은 보다 새로운 기술을 요구하며 여기에는 일자리가 많을 것이다. 지방분권적인 미국의 학교제도는 언제나 산업사회에 일자리가 많은 분야를 강조해서 가르쳤고 앞으로도 그럴 것이다. 인구통계와 경제발전 추세(趨勢)로 미루어 보아 이런 기술전문가의 수요공급(需要供給)이 어느 시기에 가서 평형을 이룰지는 말하기 어렵다. 그 다음에 어떤 일이 일어난 것인가는 여러 가지 요인에 달려 있다. 확실히 그 요인 중에는 미국의 산업계가 새로 발달하는 과학기술을 얼마나 빨리 또 철저하게 흡수하는가 하는 것도 들어 있을 것이다.

둘째로, 국가안보 위험의 불가피한 결과라고 생각하는 것으로서, 주 당국(州當局)이나 지방 당국에 대한 연방정부의 교육자금이 활발히 지출될 것이다. 현재 국방교육법(National Derense Education Act)에 의하여 대규모의 교육연구비가 지출되고 있거니와 이것은 앞으로 교육지원의 시작에 불과하다. 연방정부 지원의 불가피한 결과로서, 현재 보는 바와 같은 지방 교육제도 사이의 질적 불균형이 상당히 해소될 가능성이 있다. 교사의 최저봉급 기준은 최고봉급 기준보다 더 빨리 향상될 것이며, 학교 건축에 대한 현재 또는 장차의 입법 조치로 인하여 학교는 전국적으로 보다 좋은 시설을 갖추게 될 것이다.

위의 두 가지 경향—즉, 현재 미국이 세계 열강의 하나로서 국제 경쟁의 위기를 극복하기 위하여 과학기술의 진보와 연방정부의 교육지원을 강조하는 경향—은, 만약 앞으로의 변화를 미리 잘 계획하지 않으면, 미국의 교육과 미국의 생활 전반에 틀림없이 중요한 결과를 초래할 것이다. 우리는 미국 학교의 지적수준이 향상되고 난 뒤의 사태에 대비하는 일을 소홀히 해서는 안 될 것이다. 앞에서 설명한 바, 현재의 경향이 계속된다고 하면 앞으로 나타날 사태는 소위 〈실력지상주의〉(meritocracy)의 위험이다.

다소간은 현재 관습의 타성(惰性) 때문에, 또 다소간은 위에서 말한 새로운 발전의 결과로서, 앞으로는 유능한 학생을 더 빨리 진출시키는 경향이 강해질 것이며, 그 중에서도 특히 과학과 기술 분야에서 일찍부터 능력이 촉망되는 학생들을 진출시키는 경향이 강해질 것이다. 잘 계획만 한다면 이러한 방안(소위 〈가속〉프로그램)을 학생을 위해서나 국가를 위해서 좋은 일이다. 그러나 또 한편 실력지상주의는 경쟁제도를 내포하고 있다. 학생들은 학업성적을 기초로 빨리 진출할 수 있고 또 기회를 더 많이 가지게 된다. 나중에 사회에서의 지위는 점점 더 학교성적에 따라 결정되며 일단 지위가 결정되면 그 전의 학교성적을 돌이킬 수 없는 이상 점점 더 회복할 수 없게 된다. 나중의 교육기회나 취업기회가 모두 그전의 학교성적 때문에 고정되어 버리는 것이다. 뒤늦게 머리가 트이는 학생, 뒤늦게 사람 구실을 하는 학생, 교육에 대하여 무관심한 가정에서 자란 학생—본격적인 실력지상주의의 사회에서 이들은 모두 흔히 무자비(無慈悲)한 단계적(段階的) 결정의 희생이 된다.

실력지상주의는 교육의 풍토에 몇 가지 바람직하지 못한 결과를 초래할 가능성이 있다. 물론 이 결과는 사전의 계획으로 다소 완화시킬 수는 있을 것이다. 그 중의 하나는 시험을 지나치게 강조하게 된다는 것이다. 스노우(C. P. Snow)가 쓴 『두 가지 문화와 과학혁명』(The Two Cultures and the Scientific Revolution)이라는 책에는 캠브리지대학교의 〈수학우등시험〉(Tripos)에 관하여 다음과 같이 적혀 있다.

지난 100년에 걸쳐 우등시험은 그 성격이 점점 확고 부동해졌다. 최우등석을 차지하려는 경쟁이 점점 치열해지고 장차의 지위가 그 경쟁에서의 승리에 달려 있었다. 캠브리지대학교를 이루고 있는 대부분의 단과대학에서 그 시험에 1위나 2위를 차지하면 즉석에서 연구교수(Fellow)의 지위에 오를 수가 있었다. 이 시험을 치르기 위하여 갖가지 준비방법이 생겨났다. 하이디·리틀우드·리·에딩튼·진즈·케인즈 등 오늘날 잘 알려진 수학의 대가들은 모두 그 엄청나게 어렵고 엄청나게 경쟁이 심한 시험을 치르기 위하여 2년이나 3 년씩 준비 훈련을 받은 사람들이다. 캠브리지대학교의 사람들은 이 시험을 대단히 자랑스럽게 생각했다. 이 자랑이란 영국 사람이면 거의 누구나 현재 영국의 모든 교육기관에 대하여 가지고 있는 자랑과 본질상 다를 것이 없다… 한 가지 점을 제외하면 옛날의 수학우등시험은 완벽하다고 볼 수 있을 것이다. 그러나 그 한 가지 점이라는 것은 사실은 아주 중요한 것이다. 그것은 다름 아니라─하이디나 리틀우드와 같이 젊고 창의적인 수학자들이 늘 말했다시피─그 시험을 위한 준비훈련의 과정이 지적으로 아무 가치가 없다는 것이다. 더 나아가서 그런 사람들은 수학우등시험의 100 년 동안 영국의 수학을 전멸시켰다고 말했다.

이 말은 우리에게 무엇인가 생각하도록 하고 있다. 물론, 영국의 수학우등시험 정도로 치열한 경쟁 시험이 미국에 생기리라고는 믿기 어려우며, 더구나 중·고등학교나 초등학교에 이런 것이 생기리라고는 도저히 상상할 수 없다. 그러나 흔히 극단적인 경우를 생각하면 이해가 빨라진다. 만약 미국 내의 가장 좋은 직장이 모두 국비장학생에게 돌아간다고 생각하면, 멀지 않아 교사나 학생이 모두 이 장학금을 얻으려는 방향으로 가르치고 배우게 될 것은 당연한 일이다. 게다가, 만약 이런 장학금이 주로 과학과 수학 성적이 우수한 학생들에게 주어진다고 하면 이 이외의 다른 학과가 등한시되리라는 것도 충분히 예상할 수 있다. 실상 이것이 우리가 현재 당면하고 있는 또 하나의 위험이다. 이러한 사태에서 문학·역사·예술은 학교가 추구하는 가치와는 멀어지고 오직 가정의 전통이나 가풍 때문에 이런 과목을 중요시하는 사람들에게만 관심의 대상이 될 뿐이다.

과학 계통 이외의 과목을 맡을 훌륭한 교사들을 양성하거나 교직에 이끌어 들이는 일은 점점 더 어려워질 것이다. 이런 과목에 대한 학생의 학습 동기는 점점 희박해질 것이다. 여기에는 물론 다소간 과장된 면도 없잖아 있겠지만 이런 것은 모두 우리가 경계해야 할, 충분히 일어날 가능성이 있는 사태이다.

교육사상으로 보아, 현시점에서 그러한 궁극적인 결과를 어떤 방법으로 미연에 방지할 것인가를 생각해 보는 것도 일리가 있을 것이다. 우리는 문학적 지성인들이 집단적으로 소외감을 맛보게 해서는 안 된다. 이들은 과학기술 방면의 업적만을 강조하는 보상체제로 말미암아 낙오(落伍)되었다는 느낌 때문에 과학적인 발전의 진정한 의미를 이해할 수 없으며, 과학적 발전이 곧 전통문화의 파괴를 가져온다고 느낄 것이다. 이들이 이런 느낌을 가진다는 것은 사회를 위하여 좋지 못한 일이다. 어떤 일이 있어도 현재의 과학과 수학의 교육과정과 교육을 개선하는 데 투입되는 정력에 필적할 만한 정력을 인문학과 사회과학 방면에도 투입하여야 할 것이다. 장차 연방정부와 주정부의 교육원조에 관한 입법조치를 할 때는 이런 문제를 다루는 특별한 연구 분야를 명시할 필요가 있을 것이며, 그러한 입법조치에 앞서 인문학과 사회과학 교육의 개선을 위한 지원의 성격과 정도를 미리 생각해 두어야 할 것이다.

물론, 과학 분야의 과목에서 시험성적의 경쟁이 아무리 심하다 하더라도, 시험문제 제작의 묘(妙)를 꾀함으로써 그런 경쟁심을 유용한 목적으로 돌릴 수 있을 것이다. 시험도 그 운영 여하에 따라서는 깊은 사고(思考)를 길러 줄 수 있는 것이다. 또한, 미국의 학교가 전례 없이 경쟁적인 제도를 갖추게 되면 특별한 카운셀링이 필요하게 될 것이다. 이러한 카운셀링은 능력에 있어서 빨리 진출하는 학생들에게도 필요 하지만, 그보다도 특히 조기(早期)에, 빨리, 꾸준하게 지적 성취를 하지 못하는 학생에게 더 필요하다. 실상 이런 학생들이 비율적으로 대다수를 차지할 것이다.

그러나 시험문제를 잘 만든다든지 카운셀링을 한다고 해서 가장 중요한 문제가 해결되는 것은 아니다. 실력지상주의가 내포하고 있는 치열한 경쟁, 과학과 기술을 지나치게 강조하는 위험, 인문학 과목에 대한 무관심 등의 문제를 해결해 나가려고 하면 미국이 가지고 있는 억센 다양성을 계속 유지하고 발전시켜야 할 것이다. 학교와 대학에서 가르치는 연극·미술·음악과 인문과목들이 최대한의 지원을 받아야 할 것이다.

위의 논의를 요약하면, 학습의 동기는 관객시대의 특징인 수동성을 지양하는 방향으로 계획되어야 하며, 될 수 있는 대로 학습내용에 대한 내재적(內在的) 흥미의 기초 위에서 유발되어야 하며 또한, 폭 넓고 다양하게 표현되어야한다. 실력지상주의의 위험 신호와 새로운 형태의 경쟁사태는 이미 눈에 드러나고 있다. 사전(事前)에 어떤 계획이 필요한가가 이미 눈에 보이고 있다. 그러한 계획과 그 계획을 뒷받침하는 연구가 우선적으로 이루어져야 할 것이다.

제6장

교구(教具)

교구(敎具)

　근래에 와서 교육 과정에 사용될 교구에 관하여 논의가
많이 벌어지고 있다. 교구에는 여러 가지가 있다. 그중에
는 첫째로, 보통의 학교 상태에서는 구할 수 없는 자료를
학생들에게 보여주기 위하여 사용되는 것이 있다. 책도
이 역할을 담당한다. 이런 것은 학생들에게 〈실지(實地)〉
사물이나 사건에 관한 〈간접적〉 경험을 주기 위한 도구이
다. 이런 자료들이 〈기껏해야 학습내용을 풍부하게 할 뿐〉
이라는 이유에서 별로 가치가 없다고 생각하는 것은 잘못
이다.

　사실상, 학습내용을 풍부하게 하는 것 자체가 바로 교육
의 한 가지 주요목표이기 때문이다. 오히려 이런 자료는

〈간접적 경험을 위한 교구〉라고 보아야 할 것이다.

둘째로, 교구 중에는 학생들로 하여금 한 현상의 내면에 숨어 있는 구조를 파악하도록 도와주는 교구가 있다. 유전학의 술어를 빌어 말하자면, 이것은 〈표현형(表現型)〉(현상(現象))의 이면(裏面)에 숨어 있는 〈인자형(因子型)〉 (구조(構造))를 발견하는 것과 같다. 〈표현형〉과 〈인자형〉이라는 말을 초파리의 유전현상(遺傳現象)에 관련지어 설명하면 다음과 같다. 초파리의 눈빛에는 빨간색(우성(優性))과 흰색(열성(劣性))이 있다. 지금, 각각 순수한 빨간 눈의 인자(因子)와 순수한 하얀 눈의 인자를 가진 암수 초파리에서 태어난 새끼 초파리(제1대 잡종)의 경우를 빨간 눈의 인자와 흰 눈의 인자를 함께 가지고 있다. 표현형과 인자형은 같은 현상을 두 가지 다른 관점에서 기술하는 방법이다. 즉, 위 새끼 초파리들은 표현형으로서는 모두 빨간 눈을 가지고 있지만, 인자형으로서는 모두 두 가지 인자를 가지고 있다. 인자형을 파악하는 것과 구조를 파악하는 것을 같은 것으로 볼 수 있는 것은 위의 보기에서 명백하다. 이것은 곧 순수하게 빨간 눈의 인자(RR)와 순수하게 하얀 눈의 인자(rr)가 결합될 때는 어느 경우에나 Rr로 된다는 유전학의 법칙을 발견하는 것과 같은 것이다.

잘 계획된 실험이나 시범은 구조를 파악하도록 하는 교구로서 대표적인 보기이다. 학생들이 구조를 파악하도록 하기 위하여 어떤 일을 하는가를 잘 살펴보면 이 목적을 위한 교구가 그 밖에도 여러 가지가 있다는 것을 알 수 있다. 수학의 원리를 눈에 보이도록 표현하는 여러 가지 교구는 성격상 실험 장치와 다를 것이 없다. 앞에서 말한 바, 삐아제와 인헬더의 시범이나 그 밖에 많은 사람들이 수학의 원리를 가르치기 위하여 만든 나무토막이나 막대기들은 바로 이런 기능을 수행한다. 움직이는 그림이나 보통의 도해(圖解)도 마찬가지이다. 분자의 모형이나 호흡기관의 구조를 단순화하여 보여주는 모형도 비슷한 기능을 수행한다. 말할 필요도 없이, 영화나 텔레비전 및 삽화가 잘되어 있는 책도 학습내용을 분명하게 또 구체적으로 제시하는 수단이 될 수 있다.

그러나 이 밖에도, 위의 경우처럼 명백히 드러나지 않지만, 학생들로 하여금 사물의 개념구조(槪念構造)를 느끼도록 하는 데 사용되는 방법이 있다. 이 방법을 통틀어 말하자면, 아마 〈계열화된 프로그램〉이라고 하는 것이 가장 좋을 것이다. 프로그램을 〈계열화〉한다는 것은 학생들로 하여금 어떤 과목의 핵심적 아이디어에 가장 효과적으로 도달하도록 그 과목의 학습내용이나 아이디어의 제시 순서를 이상적으로 조절하는 것을 말한다. 일리노이대학 학교 수학 연구회, 학교 수학 연구단(SMSG), 물리교육 연구회(PSSC)등 교육과정 개발 사업에서 만들고 있는 코스는 학생으로 하여금 기본적인 원리나 구조에 도달할 수 있도록 잘 계열화된 학습 프로그램의 좋은 보기이다.

이상, 실험실 작업이나 수학의 원리를 가르치기 위한 나무토막에서 계열화된 프로그램에 이르는 교구들을 통틀어, 편의상 〈모형교구〉라고 부를 수 있을 것이다.

모형교구에 밀접히 관계하는 것으로 〈극화(劇化) 교구〉라고 부를 수 있는 교구가 있다. 사실에 충실한 역사소설, 생태 그대로 동물의 생존경쟁을 극적으로 보여주는 기록영화, 유명한 과학자에 의한 실험, 윈스튼 처칠과 같은 위대한 정치가의 생애와 활동을 알려주는 기록물―이런 것은 모두 학생들로 하여금 현상이나 아이디어와 긴밀한 일체감(一體感)을 느끼도록 하는 데 극적인 효과를 가지고 있다. 물론, 이런 종류의 〈교구〉로서 가장 좋은 보기는 교사가 자신의 인성(人性)으로 연출해 내는 극적 수업일 것이다. 그러나 교사 이외에도, 위에서 말한 것과 같은, 교사가 사용할 수 있는, 극화 교구들이 있다. 이렇게 말은 하지만,

과연 이런 극화 교구가 얼마나 자주 사용되는가 하는 것은 의문이다.

마지막으로, 지난 10여 년 동안에 학교 수업용으로 여러 가지 〈자동화 교구〉, 또는 티칭 머신이 등장하였다. 자동화 교구에서는 물론, 수업용 컴퓨터도 포함된다. 브루너가 이 책을 썼을 당시, 미국에는 컴퓨터 수업이 알려져 있지 않았던 것 같다. 컴퓨터 수업은 그 원리에 있어서 아래에서 설명하는 티칭 머신과 다름이 없다. 이러한 자동화 교구는 종류에 따라 상당한 다양성을 나타내고 있지만, 모두 몇 가지 공통점을 가지고 있다. 즉, 세밀히 계획된 순서를 따라 기계가 학생들에게 연습문제를 한때에 한 단계씩 제시한다. 학생은 문제에 주어지는 선택지(選擇肢)를 골라 반응한다. 그러면 다시 기계가 학생의 반응이 옳은가 그른가를 즉시 알려준다. 만약 학생이 정답을 하면 기계는 다음 문제로 넘어간다. 한 문제와 그 다음 문제의 곤란도(困難度)는 보통 거의 비슷하도록 함으로써 학생들이 지나친 실패로 인하여 좌절감을 가지지 않도록 한다.

이런 자동화 교구로 무엇을 가르치며 어떻게 가르칠 것인가 하는 것은 얼마나 기술적으로 문제 프로그램을 작성하는가에 달려 있다. 말할 것도 없이, 기계에 넣은 프로그램을 짜는 기술은 교사의 전반적 교수 기술의 연장(延長)이다. 오늘날까지 프로그램의 작성은 대개 직관적인 방법에 의존하였으며, 유능하다고 알려진 교사의 손에 내맡겨져 왔다. 티칭 머신의 프로그램을 작성한 교사들의 경험담에 의하면, 그것을 작성해 봄으로써 교사는 교실에서 학생들에게 문제를 어떤 순서로 제시할까 하는 문제에 아주 신경을 쓰게 되고, 또 동시에 문제를 제시하는 목적이 무엇인가―말하자면 학생들에게 학습내용을 암기 시키는 것인가, 아니면 학습내용을 누적적(累積的)으로 사용하여 점점 더 어려운 문제를 해결하도록 하는가―하는 문제도 깊이 생각하게 된다는 것이다.

이러한 자동화 교구에서 기술적으로 아마 가장 흥미 있는 측면은 그것이 교사의 부담을 덜어준다는 점일 것이며, 또한 보다 중요한 것으로서, 학생들이 학습하는 동안에 기계가 즉각적인 교정(피그 백)을 해준다는 점일 것이다. 자동화 교구가 궁극적으로 쓸모 있는가 없는가를 평가하기는 아직 시기상조이다. 그리고 현재까지 이 교구를 지지하는 사람이나 반대하는 사람들이 너무 과장된 주장을 해 왔다는 것은 매우 유감스러운 일이다. 분명히 말할 수 있는 것은 기계가 교사를 대치하지 않으리라는 것이다. 실상, 수업에서 귀찮은 부분을 기계에 맡길 수 있으면 있을수록 그만큼 유능한 교사가 더 필요하게 될 가능성이 없잖아 있다. 뿐만 아니라 기계가 학습을 비인간화하는 결과를 초래하리라고 볼 수도 없다. 이것은 책이 학습을 비인간화하지 않는 것과 같다. 인간적인가 비인간적인가 하는 문제에 있어서 티칭 머신의 프로그램은 책과 전연 다를 바가 없다. 프로그램은 유머로 점철(點綴)될 수도 있고 지루하게 재미없을 수도 있으며, 신나는 놀이 활동일 수도 있고 지긋지긋한 반복 연습일 수도 있다.

요약컨대, 교사가 사용하는 교구는 학생들의 경험 범위를 확장하고, 학생들의 학습내용에 내재(內在)해 있는 구조를 이해하도록 도와주고, 학습내용의 중요성을 극적으로 강조하는 기능을 가지고 있다. 또한, 근래 개발되고 있는 것으로써 교사들의 부담을 다소간 덜어 주는 교구도 있다. 물론, 문제는 이러한 교구들을 하나의 체계 속에서 서로 조화 있게 사용하려면 어떻게 해야 하는가에 있다.

이와 같이 여러 가지 교구를 〈통합〉하는 데 관한 물리교육 연구회(PSSC)의 교육영화에 관한 보고서에서 잘 지적되어 있다.

아주 최근까지만 하더라도, 대부분의 교육용 영화는 주로 교실에서 볼 수 없는 현상이나, 할 수 없는 경험을 학생들에게 소개함으로써 학습활동을 보강하는 기능을 가지고 있었다. 이러한 영화는 다른 학습 내용과 아무 관련이 없이 단독적인 성격을 가질 수밖에 없다. 왜냐하면, 영화를 만드는 사람은 학생들이 그전에 무엇을 배웠는가, 또 앞으로 무엇을 배우게 될 것인가를 알지 못하기 때문이다. 영화를 만드는 사람은 그 직전의 학습활동을 기초로 삼을 수도 없고 그 직후의 학습활동에 기초를 놓을 수도 없는 것이다. 지난 몇 년 동안에 주로 텔레비전의 영향을 받아, 새로운 종류의 교육 영화가 나타났다. 이런 영화는 한 코스 전체의 내용을 보여주며, 교사 개입의 필요를 가장 적게 하도록 꾸며진 것이다. 물론, 위의 두 가지 종류—즉, 학습활동을 보강하는 영화와 학습내용을 전체적으로 제시하는 영화—중의 어느 것으로도 아주 유용한 영화를 만들 수 있으며, 아닌게 아니라 이때까지 그런 영화들이 만들어진 것도 사실이다.

PSSC고등학교 과정용 영화를 만드는 데 주동적인 역할을 한 사람은 스티븐 화이트(Stephen White)인데, 그는 이 영화 제작 사업에 관한 보고서에서 계속 다음과 같이 말하고 있다.

PSSC에서 제작하는 영화는 두 가지 조건을 갖추지 않으면 안 된다. 즉, ① PSSC 과정을 전체적으로 제시하는 데 도움이 되어야 한다는 것과, ② 과정의 기조와 수준을 부각시켜야 한다는 것이다. 왜냐하면, PSSC영화는 교재·실험실습·교실·학생 및 교사를 포함하는 유기적인 복합체의 한 부분이기 때문이다.

화이트는 이어 영화를 이 수업 복합체 속에 들어맞게 하는 문제에 관하여 말하고 있다.

영화는 이 복합체 속에 들어맞아야 하며 결코 그것을 어지럽혀서는 안 된다. 확실히 이 원리는 영화를 제작하는 사람에게 몇 가지 심각한 제약을 가한다. PSSC영화에 있어서, 이 제약 중 가장 중요한 것은 영화와 실험과의 관계를 고려하여야 한다는 것이다. 학생들이 실험실에서 해야 하고 또 할 수 있는 실험을 영화에서 보여주면 영화의 효과도 실험의 효과도 붕괴될 가능성이 있다. 때로 그런 실험이 영화내용의 이론적 흐름으로 보아 필요불가결한 경우에는 부득이 넣을 수도 있으나, 이 경우에도 간단하게 암시하는 정도로 다루어야 할 것이다. 또한, 학생들이 학교실험실에서도 할 수 있는 실험이지만, 때로는 그것을 좀 더 정밀한 장치로 영화에서 다시 보여줄 필요가 있는 경우도 생긴다. 이 경우에는 반드시 학생들이 실험실 작업을 하고 난 ≪뒤에≫ 영화를 보아야 한다는 것을 영화에 분명히 드러내도록 하고 교사에게도 반드시 그렇게 하도록 충분히 강조하여야 한다.

그 밖에도 영화 제작자들은 수업 복합체 안의 몇 가지 다른 요소들을 고려하여야 한다.

영화 제작에 대한 제약으로서는 또한, 교재의 논리적 전개와 분위기와 용어를 따라야 한다는 것이 있다. 그리고 마지막으로, 영화는 항상 교사의 지위를 존중하는 방향으로 제작되어야 한다. 교사가 학생들의 존경을 얻는 데 필요하다고 생각되는 활동은 영화에서 다루지 말고 교사의 권한에 양보하여야 한다. 이상은 모두 영화와 수업 복합체와의 관련에서 생기는 부정적인 제약이지만, 영화는 또한 수업 복합체에 긍정적인 공헌도 할 수 있다. 영화는 학급의 토의를 가장 잘 유발할 수 있는 교과 요소에 학생들의 관심을 집중시킨다. 예컨대, 『일과 기계 에너지』라는 PSSC 영화에서는 못을 망치로 때리면 못의 온도가 올라간다는 점에 의도적으로 주의를 집중시킴으로써, 다음에 공부하게 될 열 에너지에 관한 토의를 유발한다. 뿐만 아니라 영화는, 가능한 경우에는 언제나, 학생들이 학교 밖에서 혼자 해볼 수 있는 실험을 시사함으로써 학생들을 직접 도와준다. PSSC 영화에서 복잡한 실험을 간단한 장치로 보여주는 것은 바로 이런 이유에서다.

화이트는 수업 복합체 안에서 다른 교구와 잘 〈통합〉된 교육 영화의 둘째 기능에 관하여 다음과 같이 말하고 있다.

모든 영화가 갖추어야 할 둘째 조건, 즉 과정의 기조와 수준을 부각시켜야 한다는 조건은 영화의 가장 중요한 공헌이라고 할 수 있다. 중요한 질문이나 문제에 학생들의 주의를 집중시킴으로써 영화는 동시에 학생들에게 다음과 같은 것을 깨닫게 할 수 있다. 즉 어떤 한 분야의 지식을 이루고 있는 사실·개념·이론 및 적용방법 등은 무수히 많지만, 이런 것들은 서로 질서 있게 응결(凝結)된 하나의 형태를 이루고 있다는 것과, 그 형태에서 중요한 부분과 사소한 부분은 명백히 분간된다는 것이다. 이러한 느낌을 인쇄된 문장으로 전달하는 것은 아주 어렵지만, 영화에서는 때로 전체적인 움직임이나 분위기로서 이것을 전달할 수 있다. 위의 두 가지 조건을 갖추는 것 이외에도 우리는 PSSC의 영화가 학습과정에 여러 가지 중요한 공헌을 하도록 유의하였다. 어느 영화에서든지 진짜 과학자가 연구하는 것을 보여주고 있다. 이 과학자는 책에서 이름만 들어보는 지식의 상징이 아니라 살아 움직이는, 때로 실수를 저지르는 보통의 사람이며, 엄밀하고 의연한 태도로 진짜 문제와 씨름을 하면서 자기가 추구하고 있는 지적 활동에서 만족과 때로 열광까지 맛보는 그러한 사람이다. 이렇게 간접적인 방법으로 우리는 영화를 통하여 과학자와 과학자 생활이 어떤 것인가를 보여주고자 하였다. …

또한, PSSC 영화는 철저하게 정직하다. 화면에 보이는 실험들은 모두 세밀히 수행되고 정확하게 보고된다. 영화를 만드는 과정에서는 누구나 트릭(속임수)을 쓰고 싶은 마음이 생기지만, 이 유혹은 PSSC 영화에서는 언제나 제거되어야 했다. 아주 이따금씩 바람직한 효과를 얻기 위하여 이러한 트릭이 쓰인 경우도 있으나, 이 경우에는 반드시 학생들에게 어떤 트릭이 쓰였으며 왜 쓰였는지를 알려 주었다.

PSSC의 과업(課業), 즉 고등학교 물리과정 한 가지를 만드는 일은 교육과정 구성의 한 특수한 과업이며 따라서 PSSC 코스의 문제는 다른 형태의 교육과정 구성에 일반화될 수 없을지도 모른다. 그러나 어떤 특정한 교구를 사용하는 목적이 무엇인가 하는 문제는 어디서나 제기하는 문제이다. 짚신벌레의 영화거나 그래프를 보여주는 텔레비전 사진이거나간에 그것을 왜 쓰는가 하는 문제는 반드시 제기된다. 우리가 알아야 할 것은 교구 자체가 그 목적을 결정하지 않는다는 것이다. 시청각 교구나 티칭 머신을 만병통치약으로 생각하고 무조건 그것을 찬성하는 사람들은 그것으로 무슨 목적을 달성하고자 하는가가 가장 중요하다는 사실을 간과(看過)하고 있다. 이 세상에서 가장 좋은 교육 영화들로 끝없는 향연(饗宴)을 만들어 낼 뿐이다. 이와 마찬가지로, 오직 그저 그렇고 그런 전통적인 교과서의 도움으로 꾸준히 교실 내 암송만을 학생들에게 요구하는 수업은 살아 있는 교과에서 재미를 빼앗아 간다. 교육과정의 목표와 그 목표를 달성하기 위한 균형 잡힌 수단을 강구하는 데서 교구의 사용 방법이 모색되어야 할 것이다.

교구에 관한 문제를 논의하다가 수업에 있어서의 교사의 역할을 논의하는 것은 이상하게 생각될지 모른다. 그러나 사실상 오늘날의 학교수업 실제에서 교사는 수업의 주된 〈교구〉이다. 수업에 있어서 교사는 어떤 역할을 수행하고 있는가?

달리 까다로운 연구를 하지 않더라도 지식의 전달 능력은 전달하고자 하는 지식을 교사가 얼마나 통달하고 있는가에 크게 좌우된다는 것을 알 수 있다. 교사가 다른 교구를 쓰든지 안 쓰든지 간에, 이것만은 분명하다. 또한, 근래의 조사 결과를 보면 적어도 여러 교육당국의 견해로는 초 · 중등학교 교사들의 대다수가 담당과목의 훈련을 충분히 받지 않은 채 부임한다는 것도 명백하다. 뿐만 아니라, 오늘날처럼 교직의 이탈 율이 높은 경우에는 비교적 훈련을 잘 받은 교사들조차도 자기의 과목을 가르치는 동안에 그 과목을 배울 기회를 충분히 가지지 못한다. 가르치는 것은 더없이 좋은 학습방법인 것이다. 이 점을 잘 말해주는 것으로 대학의 어느 유명한 물리과 교수의 이야기가 있다. 이 교수는 대학의 상급학년에게 양자론(量子論)을 가르친 경험에 대하여 다음과 같이 말하고 있다. "학생들에게 한 번 설명하고 교실을 둘러본즉, 모두 눈을 멀거니 뜨고 앉아 있었다. 이해를 못한 것이 분명하다. 또 한 번 설명했는데도 학생들은 여전히 이해하지 못했다. 그래서 세 번째 설명을 했는데 그때야 〈내가〉 이해할 수 있었다."

  교사의 질을 개선하기 위한 몇 가지 조치가 취해져야 한다. 이러한 조치는 여러 번 제의되었기 때문에 여기서 다시 자세히 말할 필요가 없다. 충원과 선발방법의 개선, 교사 교육기관의 교육 개선, 경험이 많은 교사에 의한 젊은 교사의 현장 훈련, 교사의 계속교육을 위한 연수과정·하계학교·방송통신교육·교사 처우 개선—이 모든 것이 앞으로 추구 되어야 할 목표들이다. 그러나 마찬가지로 중요한 것은 교직의 권위를 높이는 것이다. 교직의 권위가 어느 정도로 높아지는가 하는 것은 우리가 교육개혁의 문제를 어느 정도로 심각하게 생각하는가, 그리고 우리가 교사를 위한 시설과 봉급을 개선하는 데만 아니라 지역사회와 대학의 교사들에 대한 지원을 개선하는 데 어느 정도로 노력하는가에 달려 있다.

지식의 전달자로서의 교사에 관하여 한 가지 특별히 언급할 것이 있다. 그것은 초등학교 교사의 훈련과 자격기준에 관한 것이다. 초등학교 저학년 아동들에게 사고의 기본이 되는 논리적 조작을 구체적으로, 직관적으로 가르쳐야 하며, 이 논리적 조작은 나중에 초등학교 고학년이나 중학교에서 보다 형식적으로 가르쳐야 한다는 것은 앞에서 이미 몇 차례 말한 바 있다. 초등학교 학생에게 그런 것을 가르치려면 교사에게 특별한 훈련이 필요한 것은 분명하지만, 어떤 형태의 훈련이 가장 효과적인가 하는 것은 분명하지 않다. 이 문제에 특별히 강조를 할 필요가 있을 것이다. 즉, 어린 아동들을 실지로 가르치는 방법의 연구와 함께 이렇게 가르칠 교사를 훈련하는 방법의 연구도 이루어져야 한다.

교사는 지식의 전달자일 뿐만 아니라 학생들의 모범이기도 하다. 수학의 힘과 아름다움에 관하여 아무런 느낌을 가지지 못하는 사람은 다른 사람에게 수학에 관한 내재적 희열에 불을 붙일 수 없을 것이다. 자기 자신의 직관적 사고를 즐겨 동원하려고 하지 않거나 동원할 수 없는 교사는 학생들의 직관을 효율적으로 자극할 수 없을 것이다. 자신에 대하여 자신감이 없는 나머지, 잘못을 저지르는 모험을 감행할 수 없는 교사는 학생들에게 그런 모범을 보일 수 없을 것이다. 만약 교사가 당장은 근거가 불안정한 가설(假說)을 대담하게 내어놓기를 주저한다면, 학생이 무엇 때문에 그런 일을 하려고 할 것인가?

지식을 전달하고 자신감의 모범을 보여주려고 하면, 교사는 잡무에서 벗어나 자유롭게 가르치고 배우는 일에 전념할 수 있어야 한다. 이때까지 우리는 그러한 자유가 어떻게 달성될 수 있는지에 관하여 충분히 신경을 써 오지 않았다. 특히, 우리는 교육받은 부모들을 이 목적에 활용하는 일에 소홀해 왔다. 여러 학교에서 교사가 가르치는 일에 전념할 수 있도록 교사의 준 전문적인 일에 부모들을 활용하는 실험을 하여 성공을 거두고 있다. 확실히 부모는 자습실을 관리한다든지, 간단한 중간고사를 채점한다든지, 실험실 자료를 준비한다든지, 그 밖에 학교에 필요한 여러 가지 기계적인 일에 도움이 될 수 있으며 그 결과로 교사는 자유롭게 연구하고 가르칠 수가 있을 것이다. 만약 교사가 가르치는 일과 배우는 일을 동시에 할 수 있다면, 수업은 질적으로 새로운 맛을 풍길 수 있을 것이다.

교사는 또한, 교육의 과정에서 학생과 가장 가까운 인물이며 학생이 끊임없이 자신과 동일시하고 비교하는 대상이다. 원래 문자 그대로 다른 사람을 자기 자신과 똑 같다고 생각하는 심리작용을 말한다. 한 단체에 속하고 있는 사람들끼리 결속하는 것은 각각의 구성원이 다른 구성원들과 동일시하기 때문이며, 영화나 소설을 보면서 눈물을 흘리는 것은 주인공과 자기 자신을 동일시하기 때문인 것으로 해석된다. 사람들은 동일시하는 대상을 모방하는 경향이 있기 때문에 동일시는 또한, 모방이라는 뜻도 가지고 있다. 이하 〈동일시 모방〉이라는 말은 곧 모방하는 대상을 가리킨다. 한 가지 주장을 헌신적으로 열렬히 신봉하던 신도, 교과에 대한 사랑과 진지하게 모험적인 영혼의 빛을 발하던 학도—이런 특별한 교사들이 영향을 회상할 수 없는 사람이 누가 있겠는가? 이 밖에도 여러 가지 교사상이 있으며 이들은 모두 귀중한 교사상이다. 그러나 슬프게도, 파괴적(破壞的)인 교사상도 있음을 어찌 하랴! 이들 중에는 학생의 자신감을 말려 버리는 사람도 있고, 학생의 꿈을 짓밟아 버리는 사람도 있고, 그 나머지는 공포의 도가니를 만드는 사람들이다.

언젠가 화이트헤드(Whitehead)는 교육은 학생들에게 위대성에 접하도록 해야 한다고 말하였다. 이 점에서 우리는 그런대로 다행하였다. 그러나 교직에 위대한 사람들을 끌어들이는 방법은 결코 간단하지 않다. 〈수월(秀越)〉의 강조는 더딘 길이지만 그래도 가장 가능성이 있는 길이다. 그렇지만 또 한편, 텔레비전과 영화는 일방전달이라는 주어진 제한 내에서 학생들의 동일시 모형—즉, 위대성의 모형—의 범위를 넓히는 방법이 될 수 있지 않을까? 우리는 연령층에 따라, 또 상황에 따라 아동에게 효과적인 동일시 모형이 어떤 것인지 거의 모르고 있다. 마치 올림퍼스 산의 신처럼 세계의 정상에 있었던 사람들이 아동의 자신감과 위대성을 일깨우는 유일한, 또는 최선의 동일시 모형일 것인가? 아니면, 유능한 고등학교 학생을 이따금 초빙교사로 교실에 데리고 오면, 아동들은 그 학생에게서 훨씬 직접적이고 강력한 동일시 모형을 발견할 가능성은 없을까? 이런 방법은 또한, 재능 있는 사람들을 교직으로 이끌어 들이는 데도 효과적일 것이다.

결국, 지식의 전달자로서, 학문의 모범으로서, 또 동일시 모형으로서의 교사의 과업은 경험의 폭을 넓히고 그 경험을 명료화하며 그 경험에 개인적인 의미를 부여하는 여러 가지 교구를 잘 활용함으로써 훨씬 효과적으로 완수될 수 있다. 교사와 교구 사이에 반드시 갈등이 있어야 할 아무런 이유가 없다. 교육의 목적과 필요한 조건을 고려하여 교구를 개발 한다면 교사와 교구 사이에는 아무 갈등이 없을 것이다. 오직 순간적인 호기심을 자극하는 수단으로서의 영화나 텔레비전, 아무런 내용도 품위도 없는 텔레비전 프로그램, 전혀 배울 가치가 없는 내용을 생생하게 그려내는 그림—이런 것들은 교사에게나 학생에게나 아무런 도움을 주지 못한다. 교육과정의 질의 문제는 회피할 수 있는 문제가 아니다. 현재 미국의 교육법은 시청각 교구의 개발에 상당한 돈을 들이고 있다. 이 돈과 그 밖의 자원을 얼마나 효과 있게 활용하는가 하는 것은 우리가 영화 제작가나 텔레비전 프로그램 제작가의 기술과 유능한 교사의 지혜를 얼마나 잘 통합하는가에 달려 있다.

제7장

〈교육의 과정〉의
재음미(再吟味)

〈교육의 과정〉의 재음미(再吟味)

『교육의 과정』이 출판 된 지 10 년이 지났다. 이 10 년간은 교육개혁의 방향과 강조점이 엄청나게 변화된 시기였다. 나는 지금 한 사람의 고고학자로서 그 시기에 빚어진 여러 가지 유물을 보아 그 시기의 모습을 되살려 내는 입장에서 이야기를 시작할 것인가, 아니면 혁명적인 의미를 지닌 선언문으로 시작할 것인가를 망설이고 있다. 나는 이 두 가지 충동을 절충하여, 먼저 약간 고고학적인 방법으로 과거를 파헤쳐 보고 난 뒤에, 이어 그 결과로 내가 발굴한 동굴에서 어떤 혁명적 열성을 발견할 수 있는가를 고찰하겠다.

과거(過去)의 서장(序章)

먼저 『교육의 과정』이 태어난 시기를 되살려 보자. 미국의 학교가 지적으로 아무 목적의식이 없다는 점에 관하여 사회적으로 크게 물의가 일어나던 시기였다. 여러 학문 분야에서 지식이 크게 진보하였음에도 불구하고, 이 진보가 학교 교육 내용에는 전혀 반영되지 않고 있었다. 그 결과로 학문의 위계상(位階上)으로 보아 〈머리〉라고 할 만한 전문분야와 〈꼬리〉라고 할 만한 학교 교육 사이에 커다란 간극이 생기게 되었다. 또한, 특별히 과학자와 기술자를 충분히 배출하지 못하고 있다는 두려움이 크게 사람들의 마음을 사로잡고 있었다.

그 당시 하버드 대학의 동료 교수들이 당면하고 있던 큰 문제점은 현대 물리학과 수학이 학교 교육과정에 반영되어 있지 않다는 것과, 그럼에도 불구하고 현대 과학을 이해한다는 것은 여러 가지 사회적 의사결정을 내리는 데 기본적인 조건이 된다는 것이었다. 사회 안에서 생활하는 사람들로 하여금 일상생활의 의사결정에 대하여 반드시 올바른 근거를 가지게 되도록 모종의 조치를 취하지 않으면 안 되었다. 이 조치란 먼저 과학을 가르치는 것이고, 그 다음에 다른 교과를 가르치는 것이었다. 사람들로 하여금 일상생활의 의사결정에서 근거를 가질 수 있도록 하는데는 과학과 다른 교과를 가르치면 된다는 이 생각은 참으로 단순하고도 순진한 생각이었다. 그러나 동시에, 이런 종류의 판단은 세월이 지난 뒤에야 비로소 내릴 수 있는 판단이라는 것도 명심하여야 한다. 가장 나쁘게 말하여, 이 초기의 생각은 지나친 합리주의 오류(誤謬)를 범하고 있었다.

이 시기의 지배적인 생각은 다음과 같은 것이었다. 즉, 우리가 지식의 구조를 이해하면 그것 때문에 우리는 혼자서 학습해 나갈 수 있다는 것이었다. 자연을 알기 위해서는 자연에 있는 모든 것들을 일일이 직접 당면해 볼 필요가 없이, 몇 가지 근본적인 원리를 이해함으로써 필요에 따라 특수한 사실들을 외연(外延)해 낼 수 있다는 것이었다. 그리고 안다는 것은 곧 마음속에 조금밖에 가지고 있지 않으면서 많은 사물에 대하여 많은 것을 아는 약삭빠른 전략을 의미한다는 것이었다.

이 견해는 본질상 한 분야를 잘 이해하는 사람들—즉, 그 분야에 실지로 종사하고 있는 사람들과 교사가 협동하면 새로운 교육과정을 만들어 낼 수 있다는 가능성을 열어 놓는다. 현대에 와서 처음으로, 학자의 가장 고귀한 역할은, 심지어 큰 연구기관이나 대학의 학자에게 있어서도, 지식을 교육의 내용으로 전환시키는 것, 다시 말하면 지식을 아동의 학습에 도움이 되는 형태로 바꾸어 놓는 데 있다는 인식이 생겨났다. 이러한 생각은 몇 가지 함정이 없는 것도 아니지만, 과감하고 숭고한 생각임에는 틀림이 없다. 이 생각은 오늘날에도 면밀히 검토해 볼 가치가 있는 것이다. 나중에 이 글에서 우리는 이 생각을 다소간 검토하게 될 것이다.

이것이 바로 과학교육의 개선 문제를 다룬 유명한 우즈 호울 회의(『교육의 과정』은 이 회의를 계기로, 이 회의의 토의 내용에 영감(靈感)을 받아 씌어 진 것이다)에서 도출된 관점이다. 이 회의 이후 5년 동안에 있었던 중요한 교육과정 개발 사업치고 이 회의를 마치 노벨상의 영관(榮冠)이라도 한 두 개 씌울 정도로 추켜세우지 않은 사업은 하나도 없을 것이다.

우즈 호울 회의가 나타내고 있던 합리적 구조주의는 직관주의에 의하여 내적 균형이 유지되었다. 합리적 구조주의에 대하여 직관주의는 올바른 추측, 소량의 확실한 지식을 기초로 멀리 도약하는 용기를 중요시하는 관점이다. 최선의 경지에 도달한 정신작용으로서, 직관은 능동적이고 창의적이고 외연적인 사고이며, 확실히 알려진 영역에서 확실히 알려지지 않은 영역으로 나아가서, 나중에 전자를 기초로 후자를 검증할 수 있도록 하는 정신작용이다.

물론, 훌륭한 교사란 언제나 학생들의 직관적인 사고작용을 조장해 왔다는 것을 모르는 사람은 없다. 그러나 혹시, 훌륭한 교사는 현재 널리 퍼져 있는 언어주의 때문에 지하로 밀려가 버릴지도 모를 일이다. 플라톤의 『메노』(Meno)를 읽은 사람이라면, 아무것도 모르는 노예 소년이 소크라테스와의 그 유명한 대화를 통하여 그토록 놀라운 기하학의 전문가로 변한다는 데 대하여 누구나 의아심을 가질 것이다. 그것은 만약 학생들에게 추측할 적당한 기회를 주고 혼자서 학습할 수 있도록 지식을 구조화해 준다면 학생들이 어디까지 나아갈 수 있는가를 보여주려고 플라톤이 일부러 꾸며댄 이야기일까? 어쨌든 그것은 우리에게 훌륭한 교사가 합리주의와 직관주의를 결합한 수업을 한다고 할 때 어떻게 하는 것인가를 보여주고 있다.

우즈 호울 회의와 그 이후에는 또한, 사물을 스스로 찔러 보는 능동적 학습 · 지식을 수동적으로 소비하는 학습이 아니라 능동적으로 발견하는 학습이 크게 강조되었다. 이러한 방법 역시, 사물을 완전히 자기 것으로 소화하기 위해서 그 사물을 책에 씌어진 대로가 아니라 자기 자신의 사고방식으로 구조화 할 필요가 있다는 생각에서 나온 것이다. 이 생각을 열렬히 지지하는 몇몇 사람들은 소위 〈발견학습법〉의 깃발을 휘두르며 내달아, 심지어 별자리의 이름까지도 〈발견〉해야 한다고 주장하였다. 이것은 별로 대단할 것도 없는 생각이었으나 그 결과는 심오한 바가 있으며, 그 결과가 실로 어떤 것인가는 그 당시에 완전히 이해되지 않았던 점도 있다. 이 문제도 나중에 이 글에서 다시 다룰 생각이다.

초기의 여러 교육과정 개발 사업에서 우리는 훌륭한 수업으로써 학생들의 능력을 최대한으로 발휘하게 하는 것이 얼마나 어려운 일이라는 것을 몇 번이고 되풀이하여 깨닫게 되었다. 소크라테스와 노예 소년의 이야기가 끊임없이 사람들의 입에 오르내렸다. 우리가, 어떤 교과내용이든지 올바른 형식으로 표현하면 어떤 발달단계에 있는 어떤 아동에게도 가르칠 수 있다는 결론을 내린 것도 무리는 아니다. 이 말은 반드시 어떤 교과내용이든지 그것을 가르치는 궁극적인 형식이 있다는 뜻이 아니라, 학생들이 배워야 할 개념이나 원리를 학생들이 파악할 수 있는 형식으로 친절하게 〈번역〉해 주는 방법이 있다는 뜻이다. 이런 번역을 해주지 않을 때, 우리는 학생들을 불친절하게 대하는 것이다. 이 이상을 추구하게 되었다는 것은 아마도 교육과정 대건설기(大建設期)의 가장 중요한 소득이라고 볼 수 있을 것이다.

이 모든 것과 함께, 학생을 보는 기본 관점과 태도 또한 달라졌다. 이제 학생은 과학자나 역사가와 다른 종류의 사람이 아니다. 물리학을 배우는 학생은 물리학자가 물리학을 연구하는 것과 똑같은 방법으로 물리학을 배우며, 우즈 호울 회의에서 소위 중간언어(中間言語 : Middle language)이라는 이름으로 통한, 물리학에 관한 포장된 사실들을 갉아 먹는 소비자로서 배우는 것이 아니다. 중간언어는 교과를 이야기하는 언어가 아니라 교과에 〈관하여〉 이야기하는 언어이다.

그 당시 나는 다음과 같은 농담을 들은 기억이 있다. 이 이야기는 학생들이 예컨대 물리학과 같은 과목을 어떻게 접근해 주면 좋은가 하는 우리의 소원을 잘 나타내고 있다. 말하자면 우리는 학생들이 유모어와 명랑한 기분으로, 자의식(自意識)을 버린 상태에서 사물을 뜯어내었다가 다시 맞추었다가 하기를 바라는 것이다.

시카고 대학의 학생이 물리학 개론 시험을 치는데 다음과 같은 문제가 나왔다.

기압계 하나를 가지고 시카고 중심부에 있는 모 빌딩의 높이를 재고자 한다. 어떻게 하겠는가?

이 학생은 다음과 같이 대답하였다.

몇 가지 방법이 있다. 한 가지는 빌딩 꼭대기에 올라가서, 빌딩 아래에 동료 하나를 세워 놓고, 건물 가장자리에서 기압계를 떨어뜨리면서 동시에 손수건을 흔들어 신호를 한다. 아래의 동료는 신호와 함께 스톱 위치로 기압계가 땅에 떨어질 때까지 시간을 잰다. 대기 마찰의 영향을 간단히 교정하면 낙하시간을 보아 빌딩의 높이는 쉽게 계산할 수 있다.

불행하게도 이 방법을 쓰면 시계가 부서지기 때문에 신뢰도 검사를 할 수가 없다. 그러므로 약간의 투지가 필요하겠지만, 둘째 방법을 쓸 수 있다. 기압계의 길이를 재고 난 뒤, 빌딩의 계단을 올라가면서 빌딩의 높이가 기압계 길이를 몇 갑절인가를 잰다. 그리하여 그 수에다 기압계의 길이를 곱한다.

또 한 가지 방법이 있다. 키가 얼마인가를 알고 있는 사람을 빌딩 꼭대기에 세우고 팔을 뻗쳐 기압계를 세워 들게 한다. 빌딩의 정북 쪽에 동료 하나를 배치한다. 태양이 남중할 때까지 기다렸다가 기압계 그림자의 맨 끝 지점을 가장 정확히 결정하고 그날 태양이 남중한 지방시를 결정한다. 항해력을 보아 그 위도에서 남중 때 태양의 고도를 조사한다. 빌딩이 똑바로 서있다고 가정하면 우리는 두 개의 각을 얻는다. 그 사이의 길이와 그 밖의 여러 가지는 간단한 기하문제(幾何問題)이다.

이것은 대단히 정확한 방법이겠지만 시간이 없을 경우에는 쓰기 어려운 방법이다. 시간이 없는 사람은 다음과 같은 방법을 강구해 보는 것이 좋다. 기압계를 가지고 빌딩 지하실로 가서 〈관리실〉이라고 써 붙인 방 초인종을 누르면 관리인이 나올 것이다. 그에게 이렇게 말하면 된다. "내게 12달러 75센트짜리 기압계가 있소. 이 건물의 높이를 가르쳐 주면 이것을 드리겠소."

참으로 훌륭한 과학이다. 이것은 또한, 학생에 대한 적절한 존경도 나타내고 있다. 이러한 학생―직관과 기지와 경쾌한 신중성을 가진 학생―을 만들어 내는 것이 우리의 희망이었다. 결코 나쁜 이상(理想)은 아니다.

나는 우즈 호울 회의가 끝난 다음날인 그 우울한 날을 기억하고 있다. 그 날은 비가 오고 있었다. 우리들 지도위원회는 그 사업 전체가 확실히 잘못 계획된 것이라고 생각하였다.

우리는 결국 전교육기구가 우리와 과학에 적대감을 품게 될 것이 아닌가를 두려워하고 있었다. 그러다가 『교육의 과정』이 출판되었다. 이 책은 절찬을 받았다. 절찬이라는 것은 머리속에 해야 할 일을 생각하고 있는 사람에게는 아주 대처하기 힘든 것이다. 어떤 것이 일단 절찬을 받고 나면, 그것은 아주 고상한 방법으로 무시되기가 일쑤인 것이다. 우리가 받은 따분한 절찬이란 말하자면 그 책을 읽은 교사가 그 책에서 자기가 가장 좋아하는 부분을 빼내어 놓고 본즉 그것이 바로 자기가 현재 가르치고 있는 방법과 똑같더라는 따위의 절찬이다. 그러나 우리의 사업을 무력하게 만드는 절찬은 새 교육과정이 나타나기 시작하자 쑥 들어가 버렸다.

교육과정을 만들어 낸다는 것은 우리 학자들이 생각했던 것과는 전혀 딴판이었다. 가장 재능과 경험이 많은 교사와, 역시 가장 재능과 경험이 많은 과학자·역사가 또는 그 밖의 학자들을 공동으로 일을 시키면 늘 약간 빽빽한 긴장감이 돌곤 하였다. 양쪽에서 서로 배워야 할 것이 많았고 작업진도는 더디었으며, 게다가 대학 진학학생·평균학생·빈민굴 출신의 지진 학생 중의 어느 수준에 집중적으로 노력을 기울일 것인가를 결정하는 문제가 항상 따라다녔다.

우리는 교육과정 개발 사업에는 우리가 미처 예상하지 못했던 몇 가지 측면이 있다는 것을 알게 되었다. 이들 측면은 주로 교육과정이 제작되고 난 뒤부터 문제시되는 측면이다. 하나는 교육에 있어서의 관료주의의 문제, 교육자료의 채택과 배포 등등에 관한 문제이다. 이것은 근래 출판된 ASCD(장학 및 교육과정 개발협회)의 연감 한 권이 몽땅 이 문제를 다룰 정도로 중요한 문제이다. 둘째 문제는 이보다 더 심각한 문제로서, 교육과정을 사용할 교사를 훈련하는 문제이다. 이 두 가지 문제는 모두 미해결이다. 첫째 문제는 재정적 곤란 때문이며, 둘째 문제는 교사의 채용과 훈련과 지도가 원래 정말로 까다로운 문제이기 때문이다. 나는 이 분야에 대하여 도저히 잘 안다고 자처할 수 없다…

현재와 미래

이제 고고학은 그만두고, 현재와 미래에 관한 문제로 이야기를 돌리자.

『교육의 과정』이 나타내고 있는 교육운동은 다음과 같은 신조(信條)에 기초를 둔 것이었다. 즉, 학습이란 학생들이 하고 싶어 하는 것이며, 학생들은 어떤 특정한 교과를 훤하게 알고 싶어 한다는 것이다. 학생들의 학습 동기는 처음부터 이미 있는 것으로 전제하여도 좋다고 우리는 생각하였다. 또한, 학교에 공부하러 오는 학생들은 누구나 중류계층의 〈잠재적 교육과정〉의 혜택을 받아 이미 분석적 사고능력을 갖추고 있으며 지력의 사용에 대한 전통적인 통념을 가지고 학교에 들어온다는 것을 우리는 무언중에 가정하고 있었다.

물론, 이런 가정들을 문제시하지 않았다는 것은 우리 모두에게 매우 유감스러운 일이었다. 여기서 나는 내가 최근에 쓴 『교육의 적합성』(Relevance of Education)이라는 책의 머리말을 인용하겠다.

이 책은 깊고 격심한 변화의 시대에 씌어 진 논문을 모은 책이다. 이 시대는 혼란을 일으킨 시대였다. 이 시대는 그 자체의 영향력도 가지고 있었지만, 특히 이 시대에 내가 점점 어린 아동의 교육 문제에 관심을 가지게 되었다는 사실로 말미암아 그 영향력이 더욱 커졌다는 것도 사실이다. 이 아동들은 나의 실험과 관찰의 〈대상〉이었다. 바깥 사회의 혼란과 내 연구 대상인 인간의 무기력과의 대조는 항상 나에게 강하게 육박해 오고 있었다.

이 논문들이 씌어진 시기는 청년문화가 확립되고 그 부수현상으로서 〈제도화〉된 학교교육에 대한 반항이 대두되던 시기였다. 이 시기는 버클리 대학에서 콜럼비아 대학까지, 하버드 대학의 동상 파괴사건과 소르본느의 소요(騷擾)를 거쳐 프라그 대학의 봄과 여름, 그리고 그 뒤의 길고 잔인한 겨울의 첫 부분에까지 이른다. 미국 대학의 경우를 보면, 우리는 안이하고 부드러운 옛날 〈새 대학〉 시절에서 현재와 같이 교수의 수가 많은 딱딱한 분위기의 대학으로 이행해 왔다. 학생들은 학원 정치활동의 시대에서 시작하여 새로운 과격파의 날카로운 불꽃을 날리다가 현재에는 새로운 해방운동을 벌이고 있다.

소란과 이상주의로 물들어 있는 이 시대를 통하여 〈자연성〉이라고 할까, 〈자발성〉이라고 할까, 직접적인 대면을 통한 즉각적 학습이라고 할 하나의 주제가 흐르고 있었다. 전통적인 방식전반을 불신하게 되는 때라, 현재 있는 대로의 학교도 불신의 대상이 되어, 학교는 교육문제의 해결책이라기보다는 그 자체가 문제가 아닐까 하는 의문이 제기되었다. 미국 교육개혁은 주로 교육과정의 재구성에 관한 것이었다. 그것이 추구한 이상은 현대적 지식을 사용하는 데 있어서의 명료성(明瞭性)과 지력의 자율적 방향

설정이었다.

수학과 물리학, 화학과 생물학, 심지어 행동과학 분야에 있어서도 대담한 노력이 시도되었고, 그 중에는 성공을 거둔 것도 있다. 나중에 밝혀지기는 했지만, 이 때 인문학이 왜 그렇게 부진했던가는 이해하기 어려웠다. 실상인즉, 인문학의 교육과정을 개편하는 데는 너무나 많은 폭발적인 논쟁점들이 튀어 나오게 되어 있었기 때문이다.

이 책에 실린 논문들이 씌어 진 시기에는 보다 근본적인 의문들이 대두되기 시작했다. 교육과정을 개정하기만 하면 충분한가, 아니면 교육제도 전반을 보다 근본적으로 재구성할 필요가 있는가? 명백하게 이 의문은 오늘날 문화와 기술의 변화라는 훨씬 심원(深遠)한 근원을 가지고 있다. 우리가 시급하다고 하는 문제가 과연 시급한 문제인가 하는 의문을 일으켰다. 그렇게 엄청난 부를 가지고 있는 나라가, 한편으로 이상주의를 표방하면서 또 한편으로 그토록 엄청난 파괴력을 눈 하나 까딱하지 않고 행사할 수 있단 말인가? 우리 자신의 삶에 도시 빈민가와 빈곤과 인종차별의 문화가 스며 있는 판에, 어떻게 사람답게 살아야 한다는 명분으로 전쟁을 걸 수 있단 말인가?

우리는 빈곤과 인종차별이 아동의 삶에 얼마나 끔찍한

효과를 미치는가, 또 학교가 어느 정도로 이런 사회악을
조장하는 수단이 되어 왔는가를 새로운 눈으로 들여다보
았다. 그리하여 조나탄 코졸의 『조기(早期)의 죽음』(Death at
an Early Age)과 같은 웅변적인 책들이 나타나기 시작했다.
이 책에는 〈보스톤의 공립학교에서 흑인 아동들의 심령이
어떻게 파괴되는가?〉라는 부제가 붙어 있다.

〈자유의 학교〉를 처음으로 추구한 것은 흑인사회였다.
자유의 학교의 목적은 흑인 주체의식을 북 돋우어 주고 흑
인 사회의 자치관념을 불어 넣어 주는 데 있었다. 19세기
의 민권운동이 광범위한 사회 항거의 본보기가 된 것과 마
찬가지로, 흑인빈민의 아동을 위한 자유의 학교운동은 지
식층의 중류사회에 그것에 상응하는 연쇄반응을 일으켰
다. 확립된 체제에 대한 저항운동은 즉시 교육제도에도
번졌다.

이반 일리치(Ivan Illich)나 폴굿맨(Paul Goodman)과 같은 개
방된 마음을 가진 사람들은 교사와 행정가들의 지독한 관
료주의를 매도(罵倒)하는 새로운 낭만주의를 부르짖었다.
그 요지는 자발성에 의한 구제(救濟)와 제도화된 학교 체제
를 허물어뜨리는 것이었다. 우리가 알고 있듯이 이 견해
는 청년의 〈동료(同僚)문화〉(in culture)에 즉각적으로 뿌리

를 박았다.

그러나 낭만주의가 어떤 사람에게는 위안이 된 반면, 다른 사람에게는 절망을 안겨 주었다. 『오늘의 심리학』 (Psychology Today) 잡지의 편집자인 엘리자베스 홀이 당시 미국 교육에 관한 내 의견을 물었을 때, 내가 대답할 수 있었던 것은 오직 미국 교육이 위기 상태에 빠져 있다는 것뿐이었다. 미국 교육은 사회적 필요의 변화에 반응하지 못하였고, 사회적 필요를 이끌어 나가기보다는 그것에 뒤처져 있다는 것이었다. 예컨대, 조기교육과 사회계층에 관한 내 연구결과는 우리의 교육제도가 사실상 사회계층 체제를 영속화하여 언제나 한 집단을 밑바닥에 두는 수단이 되고 있다는 확신을 나에게 안겨 주었다. 우리의 교육제도는 사회경제적으로 가장 낮은, 전 인구의 1/4에 해당하는 집단의 아동이 최대한으로 사회에 참여할 능력을 짓밟아 버리고, 게다가 조기에, 또 아주 효과적으로 짓밟아 버렸다.

따라서, 대체로 연대순으로 배열되어 있는 이 조그만 책자가, 첫째로 쓴 『지력의 완성』이라는 논문에서 시작하여 마지막으로 쓴 『빈곤과 아동』이라는 논문으로 끝난다는 것은 조금도 놀라운 일이 아니다.

이제 우리의 관심은 교육과정을 개선함으로써 학교를 안에서부터 바꾸는 일이 아니라, 학교를 완전히 사회의 필요에 맞게, 학교제도를 전체적으로 바꾸는 일이다. 우리 앞에 놓인 과업은 이미 개혁이 아니라 혁명의 성격을 띤 것이다. 그리고 이 일에서 학자가 어떤 역할을 해야 할지는 그다지 명백하지 않다.

학습자의 동기 유발

이제 무엇을 해야 하는가? 우즈 호울 회의가 다시 열린다면 그 모양은 어떠하겠는가? 우선, 첫 번 회의처럼 시골 해변인 우즈 호울에서 열릴 것이 아니라, 아마 대도시의 중심부에서 열릴 것이다. 흔히 "전달모체(medium)가 곧 전달내용(messa-ge)"이라고들 하지만, 확실히 교육이 어떤 매체를 통하여 이루어지는가가 중요한 문제일 것이다. 말하자면 그 매체는 교육과정이 아니라 학교일 것이며, 심지어 학교가 아니라 사회일지도 모른다.

그리고 내 견해와 내 관점에 비추어 보면, 이 회의에서의 문제점은 학습의 주도권과 자신감을 학습자에게 되돌려 주는 문제, 다시 학습하고 싶어지도록 학습자의 의욕을 자극하는 문제에 관계될 것이다. 이 문제가 해결되고 난 뒤에 다시 교육과정이 문제될 것이다. 그러나 이 때 교육과정은 교과내용이 아니라, 지식을 학습하고 사용하는 전반적 접근방법을 가리키는 말로 쓰일 것이다.

이하 내가 말할 내용은 학습자의 동기를 유발하는 문제, 학습자에게 완전한 자발성과 주도권을 부여하는 문제에 관계된다.

우선, 사람들에게 무엇인가 배우고 싶다는 생각을 가지게 하는 문제, 지속적으로 학습하도록, 또 도저히 학습하지 않고는 못배기도록 하는 문제를 생각해 보자. 최근 『새터데이 리뷰』(Saturday Review) 지(誌)에 쓴 논설에서 나는 다음과 같이 제의를 하였다. 즉, 월-수-금요일의 교육과정에서는 보통의 교과내용을 다루고 화-목요일과, 정말이지 토요일에는 학생들의 가장 직접적인 관심거리를 다루는 여러 가지 활동—이것이 소위 〈학원의 정치활동〉이라는 것인지도 모르겠다—을 하도록 교육과정을 꾸밀 수 있다는 것이다. 화요일과 목요일에는 학생들로 하여금 자기의 견해를 밝히는 요약보고서를 만들게 하고 자기가 옳다고 생각하는 것을 강력하게 주장할 수 있도록 한다. 학생들로 하여금 학교 안의 문제나 지역사회 문제나 그 밖의 어떤 문제에 관하여 행동강령을 준비하도록 한다. 중요한 것은 학생들이 현재 자기에게 중요한 어떤 문제에 관하여 자기가 가지고 있는 자원을 총동원할 줄 알게 되어야 한다는 것이다.

화-목-토요일의 시간은 위대한 질문들과 씨름하는 시간이며, 바로 위대한 질문들이라는 사실 때문에 이 질문들은 그 해답을 잊어버린 후에도 오랫동안 철새와도 같이 계속 나타나는 질문들이다. 그리고 표현적 요소—인간적 대면(對面), 증오와 사랑, 느낌 등—을 위한 시간이 더 있어야 한다. 그렇다고 해서 이런 것들이 모두 야바위 냄새를 피울 필요는 없으며, 설교조(說敎調)일 필요도 없다. 나는 즉흥적인 연극, 영화 등을 써서 역사를 가르치고 역사적인 질문을 제기하게 하는 실험수업을 여러 번 본 일이 있다.

이런 수업은 여러 가지 다른 관점에서 역사적 사건을 재구성하는 방법을 가르치는 수업이다. 이런 수업에는 현대 사회를 무대로 한 영화나 연극이 엄청나게 중요한 관련을 맺고 있다.

이오네스크(Ionesco)나 피란델로(Pirandello)와 같은 작가는 현대 사회의 부조리 문제에 관심이 있었다기보다는 우리가 명백하다고 생각하는 일에 어떻게 하면 얽매어 있지 않게 될 것인가에 더 관심이 있다. 명백한 것에 얽매이지 말라는 것은 일괄적으로 규정될 것은 아니지만, 그 가능성을 탐색할 필요는 확실히 있다. 어찌하여 우리는 우리가 살고 있는 사회의 촉감에서 어리둥절한 느낌을 받게 되는 것일까?

『한 교사에게 보내는 편지 : 바르비아나의 학생들』(Letter to a Teacher : Schoolboys of Barbiana)이라는 책은 특이하고 감명 깊은 책이다. 이 책은 현대 이태리 투스카니아 지방의 산마을에 관한 이야기이다. 이 마을의 아이들은 학교에서 너무나 여러 번, 여러 가지 이유에서 낙제를 거듭했기 때문에 몇 세대를 두고 학교 공부를 치워 버리고 날품팔이 노릇을 하기로 아예 작정하고 있었다. 이 교구에 목사 한 사람이 왔다. 이 목사는 이 마을에 아무도 낙제하지 않는 학교, 누구나 급제하게끔 기대되는 학교를 세웠다. 이 학교에서는 누구나 자기반의 모든 학생들이 완전히 알게 되도록 하는 책임을 지고 있었고, 한 사람이라도 모르는 사람이 있으면 아무도 다음 과(課)로 넘어가지 못하게 되어 있었다.

협동체는 효과적인 학습에 큰 힘을 가지고 있다. 학생들은, 만약 그렇게 하도록 권장하면, 서로서로 굉장한 도움을 줄 수 있다. 학생들은 세포와도 같으며, 이 세포는 혁명적인 인자를 담고 있는 세포이다. 이 세포는 상호학습과 상호교수가 일어나는 세포요, 학습 구성원에 대한 그 자체의 공명감(共鳴感)과 책임감을 가지고 있는 단위이다.

이런 문제는 모두 지난번 우즈 호울 회의에서 우리가 충분히 다루지 않은 문제들이다. 우리는 교육과정을 어떻게 구성하는가 하는 문제만을 생각하였기 때문에 소위 〈학습의 상호성〉에 관해서는 미처 생각이 미치지 못했다. 그렇기 때문에 또한, 우리는 우리의 실험실은 물론, 교육과정 개발사업 그 자체가 일종의 공동체라는 사실조차 깨닫지 못했던 것이다.

누군가가 틀림없이 이렇게 물을 것이다. "그렇다면 학생들의 성적은 어떻게 매긴단 말인가?" 여기에 대하여 이렇게 반문하면 어떨까? "그렇다면, 교수 상호간 또는 대학원 학생들과 공동논문을 쓰는 저명한 동료교수들의 성적은 도대체 어떻게 매긴단 말인가?" 이 반문이 어찌하여 위의 질문에 대한 대답이 될 수 있는가는 이 논문 전체의 아이디어에 함축되어 있다. 그 대답을 보다 구체적으로 제시하면 아마 다음과 같을 것이다. 즉, 학생들의 성적을 매길 방법은 없다. 그것은 마치 우리가 동료교수들의 성적을 매길 수 없는 것과 같다. 그러나 성적을 매긴다는 것은 현재와 같은 학교제도, 현재와 같은 사회제도에서나 필요한 것이다. 여기에 바로 교육의 개혁은 교육과정의 개혁만으로는 안 되며 학교제도와 사회제도의 전반적 개혁으로 가능하다고 주장할 또 하나의 근거가 있다.

매사추세츠 주(州)의 콩코드 시(市)에서는 고등학교 여학생들이 모여 초등학교 학생들을 지도하고 있다. 상 하급생 사이의 지도라는 것이 어떤 것인가를 알고 있는 사람이면, 도와주는 학생이 실상은 도움을 받는다는 것과, 가르치는 사람이 되면 더 잘 배우는 사람이 된다는 것을 알 것이다. 그러나 이것이 그리 놀라운 일인가? 문화를 전승해 나간다는 것은 바로 이것을 말하는 것이 아닌가?

동급생 집단이나 상 하급생 집단에 관하여 우리가 말하는 내용은 그대로 사회 안의 다른 연령층에 대해서도 적용된다. 참으로 심오한 뜻에서 말하는 것이지만, 우리에게 필요한 것은 형식적(학교) 교육 이상의 〈학습 공동체〉(Learning community)를 재확립하는 것이며, 이 점에서 보면 오늘날 있는 그대로의 학교교육은 너무나 고립되어 있다. 〈학습 공동체〉를 재확립한다는 것은 단순히 초등학교 학생과 중학교 학생 사이의 칸막이를 없앤다든지, 출신대학과 한평생 관계를 유지하면서 이따금씩 대학에 돌아와 지적 영양

분을 섭취하고 다시 광범한 학습공동체의 한 부분으로 일하는 것만으로는 달성되지 않는다. MIT공과대학에서는 몇 년 전에 공학기술자의 교육은 5년 후에는 낡아빠져 못 쓰게 되므로, 다시 대학에 들어와서 최신의 지식을 배워야 한다는 단정을 내렸다. 다시 대학에 들어오는 것은 좋다. 그러나 다시 대학에 입학하는 대가로서 그 졸업생은 이제 막 공부를 시작하는 사람들에게 교사·개인지도자·안내역, 또는 그 밖의 어떤 역할로서든지 간에 이 사람들을 가르치는 임무를 떠맡아야 할 것이다.

마지막으로, 교육과 사회와의 관련을 강조하는 의미에서, 우리는 옛날 말로 소명(召命 : vocation) 내지 생활 태도라고 하는 것―또는 요새 대학생들의 표현을 빌면 〈생활 스타일〉이라고 하는 것을 다시 부활해야 하지 않을까 하는 문제를 생각해 보겠다. 나는 요새 젊은이들이 생활 스타일에 그토록 관심이 많은데 감명을 받고 있다. 나는 막 대학생 기숙사 사감의 임기를 마쳤는데 이 때 경험으로 보면 이 방면에 대한 대학생들의 관심은 괄목할만한 것이었다. 그러나 동시에 나는 이 관심이 〈실지로 어떻게 사는가〉 하는 문제에 직결하는 경우가 거의 없다는 점에 실망을 금할 수 없다. 그렇게 될 때 비로소 생활 스타일이라는 말은 소명이라는 말에 부끄럽지 않은 싱싱한 정신을 가질 수 있을 것이다.

그러면, 오늘날 학생들은 너무나 계층화되고 단절된 사회에서 생활하는 나머지 식품상의 생활 스타일, 의사의 생활 스타일, 택시 운전수의 생활 스타일, 학원 정치운동원의 생활 스타일을 모르고 있는 것이 아닌가? 그뿐인가, 경마장 도박꾼이나 여배우 지망생이나 사생아의 어머니에게도 생활 스타일이 있는 것이다. 그렇다. 내가 믿는 바로, 오늘날 학생들은 너무나 고립된 생활을 하는 나머지, 사회에서 수행하는 역할에는 어떤 것이 있으며, 그 역할을 수행하는 생활 스타일에는 어떤 것이 있는가를 알지 못하고 있다. 따라서 나는 사회의 다양성과 학교의 현상 사이를 연결하는 모종의 방안을 강구하도록 역설한다. 이 방안이야말로 학교가 이 이상 고립되는 것을 막고, 사회가 이 이상 학교를 의혹에 찬 눈으로 바라보지 않도록 할 수 있을 것이다.

마지막으로, 『교육의 과정』과는 직접적인 관련은 없지만, 오늘날 가장 중요한 문제 한 가지만 덧붙이겠다. 이 문제를 무시하고는 교육을 논할 수 없다고 생각하기 때문이다. 즉, 흑인이기 때문에, 또는 다른 어떤 이유로 그렇게 되었든지 간에, 가난한 사람들, 부랑자들, 좌우간 우리 사회의 신분조직에 맞지 않아 떨어져 나간 사람들에게 우리가 입히고 있는 깊고 깊은 상처를 치료해 주는 노력을 기울이지 않는 한, 우리는 하나의 사회로서, 또한 인간으로서 우리 자신을 멸망시키게 되리라는 것이다. 아주 어린 아동에 관한 내 연구결과로 밝혀진 것이 있다고 하면, 그것은, 어떤 사람이 하나의 성인으로서 또는 부모로서 응당 가져야 할 사회적 기반을 가지지 못하고 〈국외자(局外者)〉로 떨어져 나가 있을 때, 그 사람의 자녀는 즉시 희망을 상실하게 된다는 것이다. 이런 아동은 두 살이나 세 살 때 벌써 이 〈희망의 상실〉에 관하여 남몰래 곰곰이 생각하기 시작한다.

어떤 집단이 응당 가질 수 있는 포부를 가질 수 없게 될 때, 그 집단의 구성원들은 더욱 결사적인 포부를 가지게 되고, 또 사회 전체에 위협이 되는 수단—이 경우에 수단이란 집단의 권위를 유지하거나 회복하려는 노력에 불과하다—을 써서라도 그 포부를 실현시키고자 할 것이다. 불평등은 교육만으로 제거될 수 있는 것은 아니다.—이것은 지난 10 년 동안에 우리가 배운 또 하나의 교훈이다. 뿐만 아니라, 학교는 대개 빈곤의 영향을 영속화(永續化)하는 수단이 되기도 한다. 빈곤은 말만으로 제거되지 않으며 실지로 학교를 졸업하면 어떤 가능성이 있다는 것을 사회가 자신 있게 보장할 만큼 일자리도 있어야 한다.

전반적 사회제도—학교제도를 그 안의 한 통합된 부분으로 포함하는 전반적 사회제도의 개혁을 우리가 허심탄회하게 생각할 수 있는 길이 있어야 한다. 그와 같이 사회제도를 개혁하기 위해서는 우리의 자원을 투입할 방향과 우선순위를 재조정해야 할 것이며, 국가전체의 노력 방향을 재규정해야 할 것이며, 우리 모두의 마음속 깊이 잔인한 인종차별 사상이 도사리고 있다는 사실에 대하여 적절한 대책을 강구 하여야 할 것이다. 우리는 이 모든 문제를 해결할 줄 알아야 한다. 젊은이들은 이 사실을 알고 있다. 그들은 흔히 우리가 인종문제나 그 밖의 다른 문제점들을 올바로 보지 못한다는 데 대하여 못마땅하게 생각한다. 역사는 틀림없이 그들의 편을 들 것이다.

결국, 우리는 끝내 교육이란 중립적으로 논의할 수 있는 주제도 아니요, 따로 떼어내 논의할 수 있는 주제도 아니라는 것을 분명히 알아야 한다. 교육은 어떤 사람에게는 장래를 보장해 주고 또 그렇게 함으로써 어떤 다른 사람을 밀어내어 버린다는 점에서 근본적으로 정치적 문제이다.

만약 지금 내가 교육과정 개발 사업을 선택할 수 있다면, 나는 그 주제로서 사회를 올바른 가치관과 인생철학으로 되돌리는 방법이 무엇인가 하는 것을 선택하고 싶다. 속죄고백(贖罪告白)은 아니지만, 그 때 나는 기꺼이 역사의 구조, 물리학의 구조, 수학적 일관성의 성격 등에 관해서는 강조를 줄여야 한다고 선언하고, 그 보다는 오히려 우리가 당면하고 있는 여러 가지 사회적 문제와의 관련에서 교육과정을 다루게 될 것이다. 역시 우리는 그런 문제들을 해결하는 방법에 관심을 가지기는 하되, 단순히 실제적인 행동으로 문제를 해결할 것이 아니라, 어디서 어떠한 형태로 발견한 지식이든지간에 지식을 적용하여 문제를 해결하려고 하여야 할 것이다. 문제해결의 이 두 가지 방법의 차이는 이론과 실제, 사고와 행동 사이의 차이와 관련된다. 또한, 우리는 소명과 의지를 이때까지보다 훨씬 굳건하게 교육의 과정 속의 올바른 위치에 다시 정치(定置) 시켜야 할 것이다.

10년이 지난 오늘날, 우리는 『교육의 과정』이 한 혁명의 기점을 이루었다는 것을 깨닫는다. 그러나 앞으로 그 결과가 어디까지 갈지 아직은 아무도 모른다. 교육과정의 개혁으로는 불충분하다. 학교제도의 개혁으로도 아마 불충분할 것이다. 문제점은 문화와 사회와 공학기술을 창조하는 인간의 능력에 관계하는 것이며, 이 세 가지는 인간을 먹여 살릴 뿐만 아니라 인간으로 하여금 계속적으로 관심과 소속감을 가지게 하는데 절대적으로 필요하다.